cynnwys

rhan 1

Bydd darllen cerdd yn …	3
Beth yw barddoniaeth?	6
Barn y beirdd	7

rhan 2

Blasu rhin a gwin y gerdd	17
- ymateb cyntaf	18
- cerdd i'r llygad	19
- cerdd i'r glust	20
- beth sy'n unigryw/ beth sy'n gyffredin?	21
- taith o gwmpas cerdd	22

rhan 3

Blasu rhin a gwin y gerdd (Gwaith grŵp)	25
- taflen ganllaw	26
- taflen ymateb	27
- trafodaeth grŵp	28
- ysgrifennu gwerthfawrogiad	30
- cymharu dau ddarn o farddoniaeth	32

rhan 4

Hoelio sylw ar dechneg	37
Hoelio sylw ar agwedd	44
Hoelio sylw y mesur	74

Paratowyd y gyfrol hon gan Eleri Davies

Cydnabyddir diolch i'r awduron y dyfynnir eu cerddi yn y gyfrol hon.

Diolchir i'r Athro Gwyn Thomas a Gwasg Gee Dinbych am yr hawl i ddyfynnu cerddi o'r cyfrolau: *Gwelaf Afon, Wmgawa, Symud y Lliwiau*

Diolchir i Myrddin ap Dafydd am yr hawl i ddyfynnu'r gerdd *Asgellwr*

Diolchir i Gyhoeddiadau Barddas am yr hawl i ddyfynnu'r cerddi canlynol:
Bosnia; Enid Wyn Baines
Bosnia; Emyr Davies
Yr Anturwr; Meirion MacIntyre Huws

Cyhoeddwyd gan
Uned Iaith Genedlaethol Cymru CBAC
245 Rhodfa'r Gorllewin
Caerdydd CF5 2YX

Mae Uned Iaith Genedlaethol Cymru yn rhan o WJEC CBAC Cyf. Cwmni a gyfyngir gan warant ac a reolir gan awdurdodau unedol Cymru.

Dyluniwyd gan
Tracy Davies

Argraffwyd gan
Wasg Gomer

ⓗ
Uned Iaith Genedlaethol Cymru CBAC
1996

ISBN 1 86085 117 7

y gerdd

cyflwyniad

AR GYFER PWY?

- Cynlluniwyd y llyfr yn bennaf ar gyfer disgyblion ar ddiwedd Cyfnod Allweddol 3 a Chyfnod Allweddol 4, sy'n astudio barddoniaeth ar gyfer arholiad.

- Gallai'r llyfr fod yn berthnasol i anghenion disgyblion ail iaith yn y chweched dosbarth.

- Bwriadwyd y llyfr ar gyfer ystod eang o allu, er na fydd pob cerdd o bosibl yn addas ar gyfer y plant llai galluog.

BWRIAD Y LLYFR

- Hwyluso'r gwaith o astudio barddoniaeth drwy gyfrwng canllawiau a thasgau penodol.

- Wrth ystyried a thrafod gwahanol dechnegau, helpu'r disgyblion i ddeall hanfod barddoniaeth.

- Rhoi cyfle i'r disgyblion drafod a chymharu amrywiaeth o gerddi ar wahanol fesurau a themâu.

- Cynnig tasgau ymarferol a allai fod yn ddefnyddiol yn y dosbarth wrth astudio barddoniaeth.

- Cyflwyno nifer o dasgau/canllawiau cyffredinol y gellir eu defnyddio gydag unrhyw ddarn o farddoniaeth.

rhan 1
Bydd darllen cerdd yn...

y gerdd

Ehangu eich gorwelion

Gyfle i chi rannu profiadau a theimladau

Cynnig adloniant i chi

Ymestyn eich dealltwriaeth o fywyd

Ennyn ynoch deimladau o gydymdeimlad a goddefgarwch

y gerdd

YSTYRIWCH TRAFODWCH

BETH SY'N EICH DENU AT FARDDONIAETH?

- teitl y gerdd yn apelio.
- golwg neu siâp y gerdd yn tynnu eich sylw.
- rhythm arbennig sy'n perthyn i'r darn.
- defnydd arbennig o eiriau.
- defnydd o odl neu driciau arbennig a ddefnyddiodd y bardd.

YDYCH CHI'N HOFFI CERDDI

- o wahanol gyfnodau?
- o waith beirdd modern am eu bod yn haws i'w deall?
- sy'n berthnasol i fywyd pobl ifanc?
- sy'n ymwneud â'r problemau yn y byd cyfoes?
- sy'n cynnwys odl/cynghanedd?

BETH SY'N GWNEUD I CHI GOLLI DIDDORDEB MEWN BARDDONIAETH?

- anhawster i ddeall ystyr y gerdd.
- yn ansicr beth i'w wneud â'r gerdd.
- yn poeni am eich bod yn gorfod ateb cwestiwn ar farddoniaeth mewn arholiad.
- yn ei chael hi'n anodd ysgrifennu gwerthfawrogiad o'r gerdd.
- ddim yn hoffi trafod teimladau.
- yn gweld barddoniaeth fel rhywbeth sy'n perthyn i fyd y merched yn hytrach nag i'r bechgyn.

Pwy yw pwy?

Menna Elfyn

Gerallt Lloyd Owen

Tudur Dylan Jones

Myrddin ap Dafydd

Meirion MacIntyre Huws

y gerdd

Beth yw barddoniaeth?

Aderyn bach mewn llaw

Os gofyn wneir,
beth yw'r awen?

Plentyn yn canfod
aderyn bach yw
ar waelod buarth yr ysgol
un rhwth fore o Fawrth
wedi ei glwyfo,
gan dyner ddynesu, anwesu, a'i wâl
yw'r ddwy law barod,
ei big yn begera
am fywyd rhwng dau fawd.

Os gofyn un drachefn
beth yw'r awen Gymraeg?

Y lleiaf o blith adar yw,
sef dryw bach, disylw
mewn coedwig tra thywyll
sy'n swatio mewn llwyfen heintus
a'i firi, heb farw.

Ac os gofyn gwŷr yr awen
sut beth yw bod yn fardd o ferch?

Dangosaf iddynt adenydd
mewn ffurfafen ddi-Ragfyr o rydd
ar ddalen o nen yn rhagfarnu
arddull rhull uwchlaw'r Ddaear
cyn dychwelyd
i borthi adar y to
a gasgla'n dwr
ar riniog drws - a rhynnu.

Menna Elfyn

Ffordd arbennig o drin geiriau

Dull o ysgrifennu sy'n anodd ei grynhoi ac yn anodd ei gyfiethu

RHAN O DDIWYLLIANT

YMATEB UNIONGYRCHOL I BROFIAD

MYNEGIANT I DEIMLADAU A SYNIADAU SY'N GYFFREDIN I BAWB

Cerdd

Nid y baban mohoni:

daw gyda'r creu,
gyda'r dyheu,
ond nid y creu,
nid y dyheu mohoni.

Dyma'r brych o'r bru'n y meddwl.

Fe'i sbwyliwn:
   Pwy sy'n hen un fach ffel?
   Pwy sy'n hen un fach ddel?
   Ow! iti'n trial dweud rhywbeth?
   Ow! ti yn trial dweud rhywbeth!
   Dyna ti! mas â fe, mas â fe!
   Gryndwch ar hon! Gryndwch!

Ond mae'r baban hardd o hyd yng nghrud
meddwl y bardd.

Tudur Hallam

Barn y Beirdd

y gerdd

- Ffordd o siarad sydd ddim yn bod mewn iaith bob dydd.

- Teimlo rhyw fath o bwysau arnoch i ddweud rhywbeth.

- Dydw i ddim yn cofio imi ddewis ysgrifennu barddoniaeth.

- Os wy'n teimlo'n drist rwy'n ysgrifennu cerdd sy'n adlewyrchu hynny - mae'n ffordd o ddygymod â theimladau.

- Y profiad sy'n bwysig, hwnnw sy'n penderfynu'r siâp.

- Fy ngherddi sy'n fy nghynnal i.

- Mae unrhyw beth yn berthnasol.

Menna Elfyn

Gall barddoniaeth fod yn unrhyw beth. Dyna yw hud a lledrith barddoniaeth - chi'n ffaelu â'i ddiffinio fe - dim ond ei fod yn ffordd o siarad sydd ddim yn bod mewn iaith bob dydd.

Fy ngherddi sy'n fy nghynnal i.

Ofn

Ofn cyffredinedd sy'n fy nhroi yn fardd,
Ofn difaterwch, heb weled hyll na hardd.

Rhyw fyw di-gŵyn heb ofni gwneud dim drwg
Rhag ofn i danbaid weithred ennyn mwg

Didda-diddrwg, hen bechod dynol-ryw,
Rhyw enwau angof meini-mangre'r yw.

O fyw hyd farw, ofni wnaf rhag bod,
Di-ragfarn un heb gollgred a heb nod.

Ond byw, i'r eithaf, hyn ddeisyfaf i,
A dined* gwyrdd y brotest, hyd yr olaf gri.

*dined - danadl poethion.

Menna Elfyn

Adeiladau'r bardd

Rwy'n fy nghau fy hun allan â geiriau:
dof o hyd iddynt yn ddisymwth,
eu cael dan glustogau
neu'n rhythu'n fy wyneb.
Rwy'n ddyfal chwilio geiriau fel allweddi
mwyaf eu hangen. Ânt ar goll.

Un gêm ddigri rhwng geiriau
a phrofiadau ac emosiwn
yw 'ngherddi, fel chwarae
nadredd ac ysgolion, i fyny ac i lawr
ânt ar ddalen yn ddi-ffws.

Menna Elfyn

Persawr Prydyddiaeth

Poteli gwag,
A lwydodd flwch;
Caneuon mud
A leisiodd lwch.

Mor debyg ŷnt;
Profiadau, sudd,
Chwistrella groen,
Petalau prudd.

Gosgeiddig rai,
A'r chwaon pur;
Prydweddol gân
A gronnodd gur.

Cyfuniad eu gwedd
Â'r neges cau:
Athroniaeth y bardd
Yw asio'r ddau.

Chwilfrydig am gael
Y Perffaith sawr:
Uchelgais, creu cerdd
A gyffry, a'i dawr.

Persawr y prydydd
Yw gadael o'i ôl:
Argoelion o ddur
A doluriau y ddôl.

Menna Elfyn

Nesta Wyn Jones

Paent

Mi fûm i'n peintio
Erstalwm
Rhoi brws yn ysgafn yn y dŵr a'r paent
I ddal heddwch y bryniau ar ôl cawod o law,
Eu gwyrdd fel y gwyrdd ar gerrig afon,
A dail y bedw'n arian byw yn yr awel.
Dwyn trwch paent olew
I frwsio côt hirflewyn caseg a chyw
Y gwynt yn eu mwng,
A'r gwellt yn arw-felyn dros eu carnau
Llonydd.
Ond beintiais i ddim
Ers tro,
Er fod i ddalen wen ei rhin o hyd,
Gan mai geiriau yw 'mhaent
I'w cynilo
Neu i'w taflu yn hael ar ei hyd
Yn ôl dyfarniad
Synhwyrusrwydd
Pin dur o frws.

Nesta Wyn Jones

Dydw i ddim yn cofio imi ddewis ysgrifennu barddoniaeth. Fel Kate Roberts roedd yn rhaid imi neu fygu … Y profiad sy'n bwysig, hwnnw sy'n penderfynu'r siâp.

Tudur Hallam

Tudur Hallam … yn dangos y fedal a'i lyfr buddugol

Os wy'n teimlo'n drist rwy'n ysgrifennu cerdd sy'n adlewyrchu hynny - mae'n ffordd o ddygymod â theimladau.

Dyhead

Mor eang iach amrywiaeth awen dyn
yn medru Salmau Cân fel Edmwnd Prys,
ac eto'n medru record anghytûn
fel *Every breath you take* gan The Police.

O! awen fawr, yn hyf fel darlun mur,
yn gras, yn gryf, yn groch fel riff gitâr,
yn goeth, yn gadarn gain fel cerflun dur
yn wych, yn wiw o hyd fel soned wâr.

Amrywiaeth teg, anhygoel megis Duw,
am gelfau cywrain daear yn dyheu,
a hwythau oll trosto ac ynddo'n byw
oblegid bod dyhead awydd creu.

Rhyfedd, rhyfedd, creu bardd fel Bobi Jones
ynghyd â band balch fel The Rolling Stones.

Tudur Hallam

Geiriau

O'r groth:

ildio i oedran a gweld o edrych
a mwy o edrych yn denu mwydro
a mwydro geiryn yn medru geiriau
a medru medru'n mwydro ymadrodd
a rhydd ymadrodd yn rhyddhau mydru.

gw-gw-ga-ga
bla-bla-bla
gw-gw-ga-ga

I'r gro ir:

â mwy o oedran gweld diffyg mydru,
heb fedru medru medr mydrau,
mwydro rhyw ymadrodd,
mwydro mwydro,
madru.

Tudur Hallam

Cyn y gân

O! Ysbrydoliaeth, sibryda alaw
y synau a ddaw gyda'th sain ddwys;
dyro dy ystyr i dwrw distaw
y geiriau a ddaw i greu'r gerdd ddwys.
Gyda'th sain, crea'r gerdd,
mewn dwyster a erys.

Tudur Hallam

Wedi'r gân

Wedi'r gân, fel taran, taw!
mae'r rhwydd osteg mor ddistaw
â'r hyn oedd cyn y caniad:
y stŵr di-stŵr, yr ystad
o fudandod: y nodau,
y naws swil a'r hir nesáu
na chlywir ond mewn hiraeth
nwyd a oedd, nodau a aeth.

Tudur Hallam

Gwyn Thomas

Mae rhythmau yn bwysig iawn, iawn i farddoniaeth, ac odl a phethau felly.

Yn fy marn i, os ydi'r geiriau ynoch chi yn rhywle mi wnewch chi deimlo'ch ffordd tuag atyn nhw. Y peth pwysig ydi eich bod chi'n teimlo rhyw fath o bwysau arnoch i ddweud rhywbeth. Mi ddylai eich greddf chi eich arwain chi wedyn.

Mae yna lot o bethau caeth iawn yn fy stwff i.

y gerdd

Gerallt Lloyd Owen

Dydw i ddim yn rhuthro i gyhoeddi pob pip o bob peth dw i wedi'i wneud a dw i'n falch nad ydw i ddim wedi gwneud hefyd.

Rhywbeth personol ydi o. Dw i'n canu Gerallt Lloyd Owen, achos mai dyna ydw i.

Does yna ddim byd wedi newid.

Mae unrhyw beth yn berthnasol - 'sw'n i'n canu i'r bwced yna rŵan, mae o'n berthnasol i mi ar y pryd.

YSTYRIWCH TRAFODWCH

- Ydych chi'n cytuno â Gerallt Lloyd Owen ei bod yn bosibl ysgrifennu cerdd ar unrhyw destun?

- Beth yw eich barn am sylw Gwyn Thomas bod rhythmau ac odl yn bwysig iawn, iawn mewn barddoniaeth?

- Pam y mae Menna Elfyn yn dweud mai ei cherddi sy'n ei chynnal hi?

- Beth yw eich barn am ei gosodiad mai un gêm ddigri rhwng geiriau a phrofiadau ac emosiwn yw ei cherddi? Ai dyna mewn gwirionedd yw pob darn o farddoniaeth?

- Ydych chi'n deall pam y mae Nesta Wyn Jones yn dweud bod yn rhaid iddi ysgrifennu neu fygu? Ydy pob bardd yn teimlo'r rheidrwydd i gyfansoddi?

- Yn y gerdd *Paent* dywed Nesta Wyn Jones fod barddoni yn debyg iawn i'r broses o beintio? Ydych chi'n cytuno?

- Dywed Tudur Hallam fod ysgrifennu cerdd yn ffordd o ddygymod â theimladau, ac os yw'n teimlo'n drist, ei fod yn cyfansoddi cerdd sy'n adlewyrchu hynny. Beth yw eich barn chi?

- Pe baech chi'n ysgrifennu cerdd, pa thema fyddech chi'n ei dewis a pha siâp fyddai ar y gerdd?

y gerdd

y gerdd

RHOWCH GYNNIG ARNI

- Dewiswch ddau fardd a chwiliwch am rai ffeithiau diddorol amdanynt. Casglwch y gwaith a'i roi mewn ffolder.

- Dewiswch dair cerdd o waith pob un. Ystyriwch yn ofalus pam y gwnaethoch chi benderfynu dewis y darnau arbennig hynny.

- Paratowch ddarlleniad o'r cerddi ar gyfer y grŵp/dosbarth neu efallai y byddwch am gyflwyno cerdd ar ffurf poster.

- Cyflwynwch rai ffeithiau am y bardd a rhai nodweddion a berthyn i'w waith/gwaith i'r gweddill o'r grŵp neu i'r dosbarth.

y gerdd

y gerdd

16

rhan 2
Blasu rhin a gwin y gerdd

> Mae rhai nodweddion sy'n gyffredin i bob darn o farddoniaeth.

> Ceisiwch wrando ar fiwsig y gerdd wrth ynganu'r geiriau.

> Ceisiwch chwilio am galon y gerdd.

> Mae pob cerdd yn hollol unigryw.

> Mae pob cerdd yn cyfuno syniadau a theimladau.

> Edrychwch ar gerdd fel pe baech yn syllu ar gerflun neu lun ar siaced lwch.

> Y ffordd y byddwch chi yn gweld y gerdd fydd yn cyfrif.

y gerdd

17

Ymateb cyntaf i ddarn o farddoniaeth

Blasu rhin a gwin y gerdd

1. Cerdd i'r llygad

Sylwch

- Sut mae'r gerdd wedi ei gosod ar y dudalen? A oes bylchau rhwng geiriau neu benillion?

- Fel rheol rydym yn gweld cerdd yn ei chyfanrwydd. Edrychwch arni fel pe baech yn syllu ar gerflun neu lun ar siaced lwch.

- Bydd yr ongl neu'r cyfeiriad yn bwysig, a'r ffordd y byddwch chi'n ei gweld fydd yn cyfrif.

2. Cerdd i'r glust

Clustfeiniwch

- Darllenwch y gerdd yn uchel a cheisiwch wrando ar fiwsig y gerdd wrth ynganu'r geiriau.

- Bydd darn o farddoniaeth yn eich gwahodd i'w ddarllen gyda chlust sy'n effro i rythm y llinellau, symudiad a chyflymder y brawddegau a sain y geiriau.

- Wrth ddarllen rydych yn amrywio'r llais yn ôl y gofyn. Bydd hyn yn gymorth i chi ddeall y gerdd yn well.

3. Beth sy'n unigryw?

Cofiwch

- Mae pob cerdd yn hollol unigryw. O ganlyniad, dylid ei darllen o leiaf ddwy waith.

- Ar ôl ymateb i'r gerdd gyda'ch llygad a'ch clust, ceisiwch chwilio am galon y gerdd. Gall fod yn syniad, yn deimlad neu yn ganolbwynt i ryw ddisgrifiad.

- Ysgrifennwch rai nodiadau yn cofnodi'r hyn sy'n arbennig ynglŷn â'r gerdd dan sylw.

4. Beth sy'n gyffredin?

Ystyriwch

- Er bod pob cerdd yn unigryw, mae rhai nodweddion sy'n gyffredin i bob darn o farddoniaeth hefyd.

- Mae pob un
  - yn cynnwys geiriau
  - wedi ei hysgrifennu mewn ffurf arbennig
  - yn rhoi sylw dwys i'r testun
  - yn cyfuno syniadau a theimladau

- Wrth drafod neu ysgrifennu am unrhyw gerdd fel rheol bydd rhywbeth i'w ddweud am bob un o'r rhain.

Cerdd i'r llygad

SYLWCH

- Edrychwch ar y gerdd **'Siapiau o Gymru'** gan Menna Elfyn a sylwch yn ofalus ar y ffordd mae'r gerdd wedi ei gosod ar y dudalen.

- Edrychwch arni fel pe baech yn syllu ar gerflun neu lun ar siaced lwch. Bydd yr ongl neu'r cyfeiriad yn bwysig, a'r ffordd y byddwch chi'n ei gweld fydd yn cyfrif.

- A oes bylchau rhwng geiriau neu benillion? A oes rheswm arbennig dros osod y gerdd yn y fath fodd? Talwch sylw manwl i'r diweddglo.

Siapiau O Gymru

Ei diffinio own
ar fwrdd glân
rhoi ffurf i'w ffiniau
ei gyrru i'w gororau
mewn inc coch;
ac meddai myfyriwr o bant
'It's like a pig running away';
wedi bennu chwerthin,
rwy'n ei chredu;
y swch gogleddol
yn heglu'n gynt
na'r swrn deheuol
ar ffo rhag y lladdwyr.

siapiau yw hi siwr iawn:

yr hen geg hanner rhwth
neu'r fraich laes ddiog
sy'n gorffwys ar ei rhwyfau;
y jwmpwr, wrth gwrs,
     ar ei hanner
gweill a darn o bellen ynddi,
ynteu'n debyg i siswrn
parod i ddarnio'i hun.
cyllell ddeucarn anturiaethydd,
neu biser o bridd
craciedig a gwag.

a lluniau amlsillafog
yw'r tirbeth o droeon
a ffeiriaf â'm cydnabod
a chyda'r estron
sy'n ei gweld am yr hyn yw:

digri o wasgaredig
sy
am
fy
mywyd
    fel bwmerang diffael yn mynnu
                  mynnu
              ffeindio'i
          ffordd
      yn
ôl
at fy nhraed.

Menna Elfyn

YSTYRIWCH TRAFODWCH

- Pa ddarluniau a ddaw i'ch meddwl chi wrth syllu ar fap o Gymru

- Fyddech chi wedi meddwl am siapiau cwbl wahanol?

- Fyddech chi'n cael eich temtio i lunio cartŵn ar ôl darllen y gerdd?

- Fyddai'n well gennych ddefnyddio'ch dychymyg?

Cerdd i'r Glust

CLUSTFEINIWCH

- Bydd darn o farddoniaeth yn eich gwahodd i'w ddarllen gyda chlust sy'n effro i rhythm y llinellau, symudiad a chyflymder y brawddegau a sain y geiriau.

- Wrth ddarllen cerdd, rydych yn amrywio'r llais yn ôl y gofyn. Bydd hyn yn gymorth i chi ei deall yn well.

- Darllenwch y gerdd 'Siapiau o Gymru' unwaith eto a cheisiwch wrando ar fiwsig y gerdd wrth ynganu'r geiriau.

RHOWCH GYNNIG ARNI

- Paratowch gyflwyniad diddorol o'r gerdd 'Siapiau o Gymru' i weddill y grŵp neu'r dosbarth.

- A wnaeth y broses o baratoi'r cyflwyniad eich helpu i ddeall y gerdd yn well?

- Dewiswch unrhyw ddarn arall o farddoniaeth sy'n apelio'n arbennig at eich clust, a chyflwynwch ef i'r grŵp.

Beth sy'n unigryw?/ Beth sy'n gyffredin?

COFIWCH

- Mae pob cerdd yn hollol unigryw, a dylid ei darllen o leiaf ddwywaith er mwyn ei deall yn iawn, ac er mwyn gwneud cyfiawnder â hi.

- Ar ôl ymateb i'r gerdd gyda'ch llygaid a'ch clust, chwiliwch am galon y gerdd. Gall fod yn syniad, yn deimlad, neu yn ganolbwynt i ryw ddisgrifiad.

- Mae pob cerdd yn cynnwys geiriau wedi cael eu trin mewn ffordd arbennig.

- Bydd gan bob cerdd ffurf neu siâp arbennig, er enghraifft, soned, telyneg, englyn.

- Bydd cerdd fel rheol yn cyfuno syniadau a theimladau gan roi sylw dwys i'r testun.

YSTYRIWCH TRAFODWCH

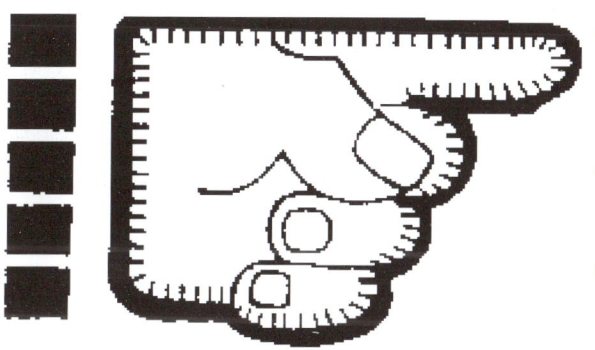

- Darllenwch y gerdd 'Siapiau o Gymru' unwaith eto, a cheisiwch benderfynu beth yw canolbwynt neu galon y gerdd.

- A wnaeth Menna Elfyn gyfuno syniadau a theimladau yn y gerdd arbennig hon?

- A roddodd hi sylw dwys i'r testun? Beth yw eich barn?

- Trafodwch y defnydd arbennig, o eiriau, ffurf y gerdd, yn ogystal â'r syniadau a'r teimladau sy'n cael eu cyflwyno.

Taith o gwmpas cerdd

Rhowch gynnig arni

- Ewch ar daith o gwmpas y gerdd gan Menna Elfyn gan ysgrifennu nodiadau hwnt ac yma ar y ffordd. Ar ôl gorffen y daith, mae'n bosibl y byddwch yn gweld y gerdd mewn ffordd wahanol.

- Ar ôl i chi orffen, cymharwch eich syniadau chi ag ymgais person arall a wnaeth yr un peth.

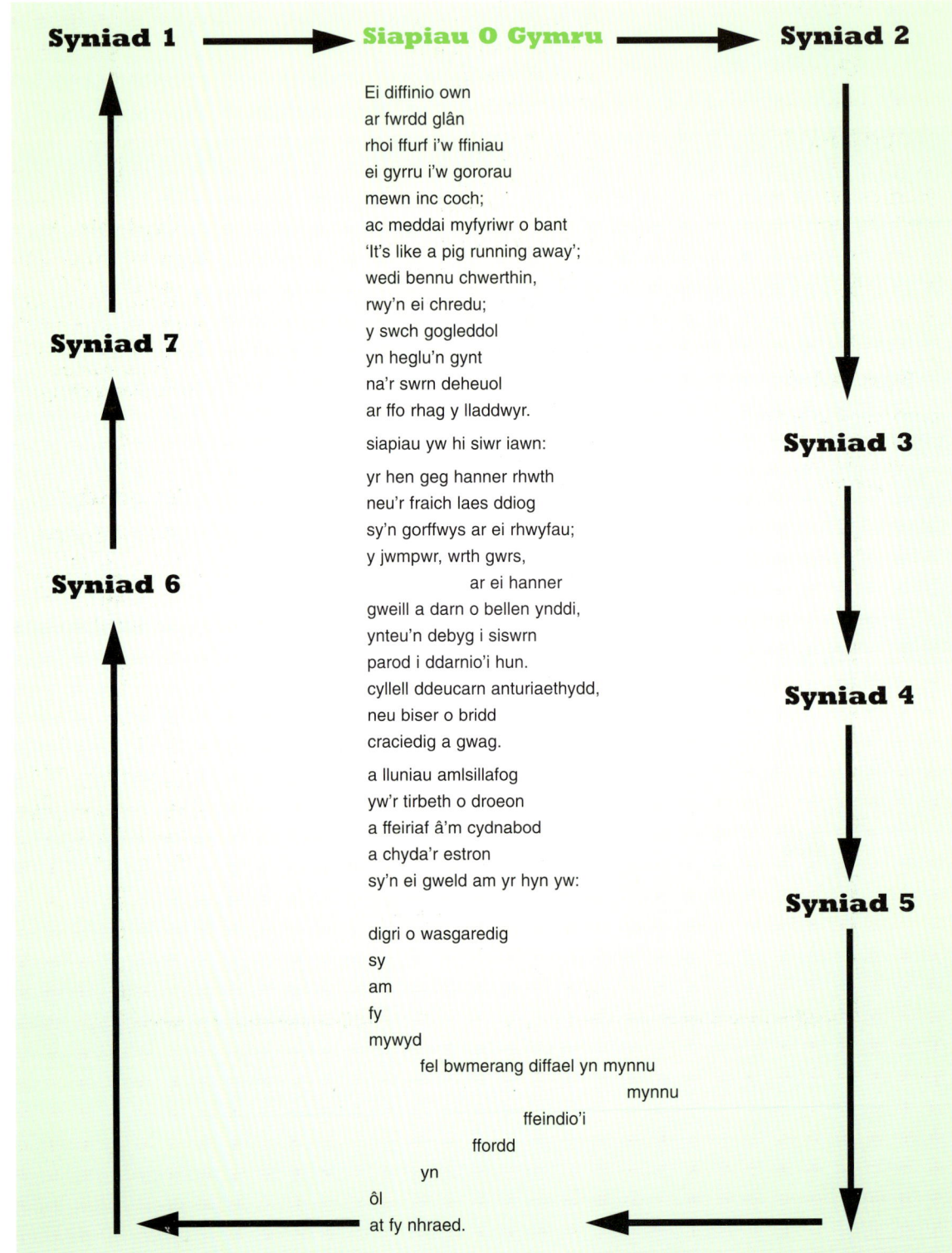

Syniad 1 → **Siapiau O Gymru** → **Syniad 2**

Ei diffinio own
ar fwrdd glân
rhoi ffurf i'w ffiniau
ei gyrru i'w gororau
mewn inc coch;
ac meddai myfyriwr o bant
'It's like a pig running away';
wedi bennu chwerthin,
rwy'n ei chredu;
y swch gogleddol
yn heglu'n gynt
na'r swrn deheuol
ar ffo rhag y lladdwyr.

siapiau yw hi siwr iawn:

yr hen geg hanner rhwth
neu'r fraich laes ddiog
sy'n gorffwys ar ei rhwyfau;
y jwmpwr, wrth gwrs,
        ar ei hanner
gweill a darn o bellen ynddi,
ynteu'n debyg i siswrn
parod i ddarnio'i hun.
cyllell ddeucarn anturiaethydd,
neu biser o bridd
craciedig a gwag.

a lluniau amlsillafog
yw'r tirbeth o droeon
a ffeiriaf â'm cydnabod
a chyda'r estron
sy'n ei gweld am yr hyn yw:

digri o wasgaredig
sy
am
fy
mywyd
      fel bwmerang diffael yn mynnu
                mynnu
            ffeindio'i
          ffordd
        yn
      ôl
    at fy nhraed.

Taith o gwmpas cerdd

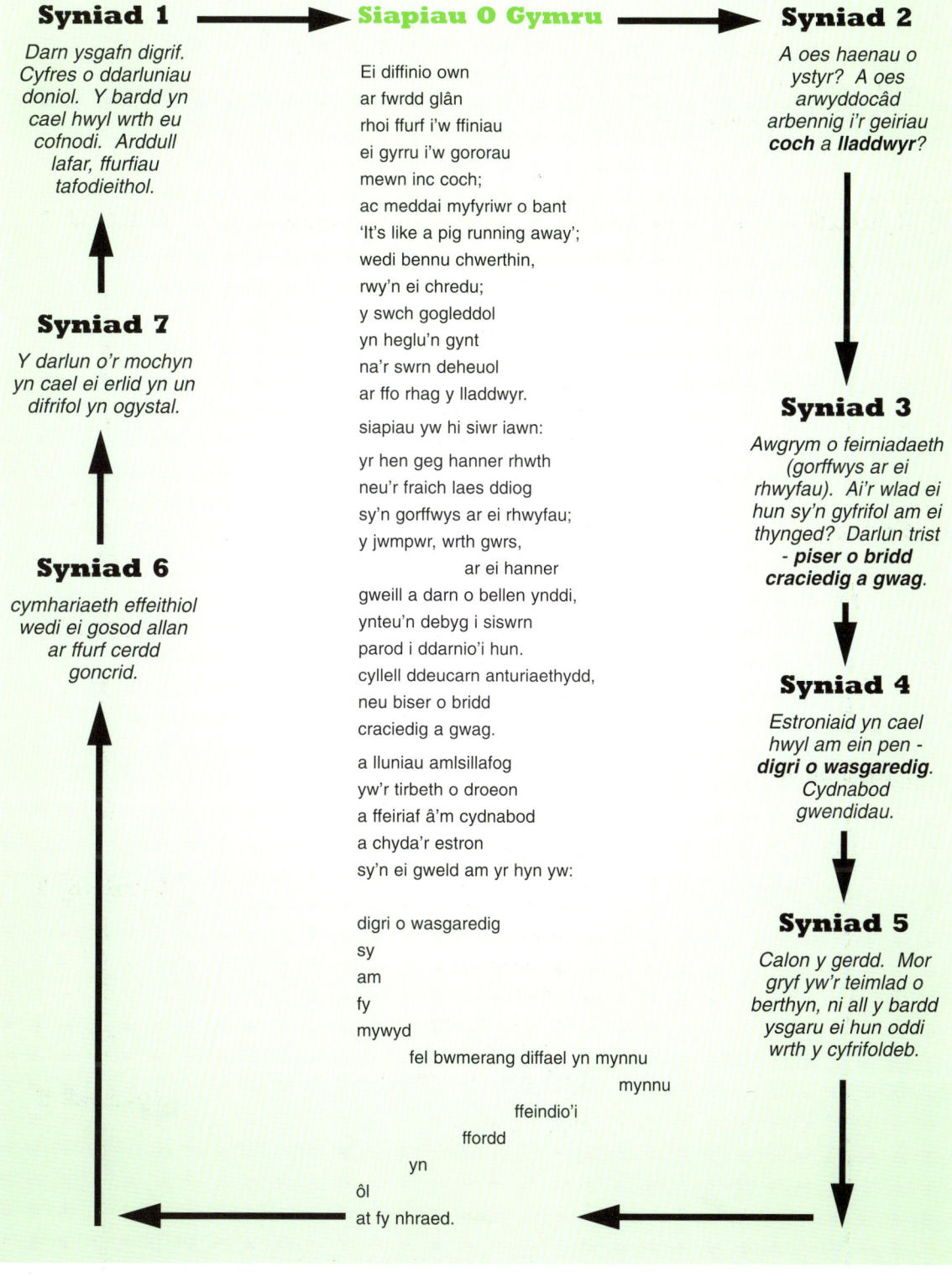

Syniad 1
Darn ysgafn digrif. Cyfres o ddarluniau doniol. Y bardd yn cael hwyl wrth eu cofnodi. Arddull lafar, ffurfiau tafodieithol.

Syniad 7
Y darlun o'r mochyn yn cael ei erlid yn un difrifol yn ogystal.

Syniad 6
cymhariaeth effeithiol wedi ei gosod allan ar ffurf cerdd goncrid.

Siapiau O Gymru

Ei diffinio own
ar fwrdd glân
rhoi ffurf i'w ffiniau
ei gyrru i'w gororau
mewn inc coch;
ac meddai myfyriwr o bant
'It's like a pig running away';
wedi bennu chwerthin,
rwy'n ei chredu;
y swch gogleddol
yn heglu'n gynt
na'r swrn deheuol
ar ffo rhag y lladdwyr.

siapiau yw hi siwr iawn:

yr hen geg hanner rhwth
neu'r fraich laes ddiog
sy'n gorffwys ar ei rhwyfau;
y jwmpwr, wrth gwrs,
       ar ei hanner
gweill a darn o bellen ynddi,
ynteu'n debyg i siswrn
parod i ddarnio'i hun.
cyllell ddeucarn anturiaethydd,
neu biser o bridd
craciedig a gwag.

a lluniau amlsillafog
yw'r tirbeth o droeon
a ffeiriaf â'm cydnabod
a chyda'r estron
sy'n ei gweld am yr hyn yw:

digri o wasgaredig
sy
am
fy
mywyd
    fel bwmerang diffael yn mynnu
                  mynnu
             ffeindio'i
          ffordd
       yn
    ôl
at fy nhraed.

Syniad 2
A oes haenau o ystyr? A oes arwyddocâd arbennig i'r geiriau **coch** a **lladdwyr**?

Syniad 3
Awgrym o feirniadaeth (gorffwys ar ei rhwyfau). Ai'r wlad ei hun sy'n gyfrifol am ei thynged? Darlun trist - **piser o bridd craciedig a gwag**.

Syniad 4
Estroniaid yn cael hwyl am ein pen - **digri o wasgaredig**. Cydnabod gwendidau.

Syniad 5
Calon y gerdd. Mor gryf yw'r teimlad o berthyn, ni all y bardd ysgaru ei hun oddi wrth y cyfrifoldeb.

Blasu rhin a gwin y gerdd

(Gwaith Grŵp)

CAM 1

- Gwrandewch ar y gerdd yn cael ei darllen yn uchel.
- Treuliwch bum munud yn nodi unrhyw syniadau a ddaw i chi.
- Canolbwyntiwch ar unrhyw beth y bydd y gerdd yn eich atgoffa ohono.
- Nodwch un neu ddau gwestiwn y carech chi gael ateb iddynt.

CAM 2

- Canolbwyntiwch ar y penawdau ar ochr chwith y daflen a thrafodwch y thema a'r hyn a ysbrydolodd y bardd i gyfansoddi'r gerdd. Penderfynwch beth oedd bwriad y bardd, a phwy mae'n ei gyfarch. Sut y byddech chi'n disgrifio cywair y gerdd?

CAM 3

- Talwch sylw i'r mesur a'r holl dechnegau a ddefnyddiodd y bardd.

CAM 4

- Trafodwch eich ymateb chi i'r gerdd.
- A lwyddodd y bardd i gyflawni ei fwriad wrth ysgrifennu'r gerdd?
- A daethoch chi o hyd i'r cwestiynau a nodwyd gennych ar y dechrau?

Blasu rhin a gwin y gerdd

(Taflen ganllaw)

1. PA YSBRYDOLIAETH?

- Beth ysbrydolodd y bardd? A yw'n seiliedig ar brofiad? A gafodd y gerdd ei chyfansoddi ar achlysur arbennig?

2. PA THEMA?

- Beth yw prif thema'r gerdd?
- Fedrwch chi grynhoi ystyr y gerdd mewn un frawddeg?
- Ydy'r darn yn sôn am bethau cyfoes neu yn cyffwrdd â rhyw bwnc llosg?
- Pam y dewisodd y bardd y teitl? Ydy'r teitl yn awgrymu rhywbeth am gynnwys y gerdd?

3. PA GYNULLEIDFA?

- Ai llais yr awdur glywir yn y gerdd?
- Ydy e/hi yn myfyrio yn dawel wrtho'i hunan, neu yn cyfarch y byd yn gyffredinol?
- Ydy'r bardd yn eich cyfarch chi fel darllenwyr? Ydych chi'n cael cyfle i rannu teimladau personol gydag ef/hi?

4. PA GYWAIR?

- Pa eiriau sy'n cyfleu cywair y darn, er enghraifft, trist, hapus, sentimental, dychanol, buddugoliaethus, dideimlad?

5. PA BWRPAS?

- Beth mae'r bardd yn ceisio ei wneud? Beth yw ei fwriad wrth ysgrifennu'r gerdd?
- Ydy'r bardd yn ceisio eich difyrru a gwneud i chi chwerthin?

  A oes hiwmor yn y gerdd?
- Ydy'r bardd yn ceisio dysgu gwers neu gyflwyno neges neu safbwynt arbennig?
- Ydy e/hi yn ceisio eich perswadio neu eich ysgwyd?
- Beth yw agwedd y bardd at y testun?

6. PA FESUR?

- Ydy'r gerdd wedi ei hysgrifennu ar batrwm neu fesur sy'n gyfarwydd i chi?
- A yw ar batrwm y soned, y delyneg, yr englyn, y cywydd, y faled neu'r mesur penrhydd?

7. PA DECHNEGAU?

- A yw'r gerdd yn cynnwys odl, cyflythreniad neu gynghanedd?
- A yw'r bardd yn ailadrodd sain neu linell neu syniad?
- A ddefnyddiodd y bardd ansoddeiriau neu adferfau i bwrpas arbennig?
- Ydy'r bardd wedi defnyddio geiriau/ymadroddion Saesneg o gwbl?
- A oes defnydd o eiriau tafodieithol yn y gerdd?

8. PA DDELWEDDAU?

- A sylwoch chi ar gymariaethau neu drosiadau a oedd yn arbennig o effeithiol?
- Ydy'r gerdd yn cynnwys trosiad estynedig?

9. SUT ADEILADWAITH?

- Ydy'r ffordd y mae'r gerdd wedi ei hatalnodi yn gymorth i chi wrth ei chyflwyno?
- Ydy'r gerdd yn arwain at uchafbwynt?
- A oes gwrthgyferbyniad yn y gerdd?
- Ydy'r rhythm yn ysgafn ac yn gyflym neu yn drwsgl ac yn araf?

10. SUT YMATEB?

- Wnaethoch chi ddeall y gerdd ar y darlleniad cyntaf? Ydych chi'n dal i gael anhawster i'w deall?
- Oeddech chi'n hoffi'r gerdd neu beidio?
- A lwyddodd y bardd yn ei fwriad wrth ysgrifennu'r gerdd?

Blasu rhin a gwin y gerdd

(Taflen ymateb)

ENW'R GERDD:		ENW'R AWDUR:		
YSBRYDOLIAETH	THEMA	CYNULLEIDFA	CYWAIR	PWRPAS
MESUR	TECHNEGAU	DELWEDDAU	ADEILADWAITH	YMATEB

y gerdd

Trafodaeth Grŵp

YSTYRIWCH TRAFODWCH

- Trafodwch y gerdd '**Pwt o Athroniaeth**', gan Tudur Hallam gan ddilyn y canllawiau ar y daflen.

- Trafodwch ddehongliad arbennig Rhys o'r gerdd. A oedd y cartŵn yn gymorth i chi ddeall y gerdd yn well?

RHOWCH GYNNIG ARNI

- Paratowch gyflwyniad diddorol o'r gerdd '**Pwt o Athroniaeth**', i weddill y dosbarth.

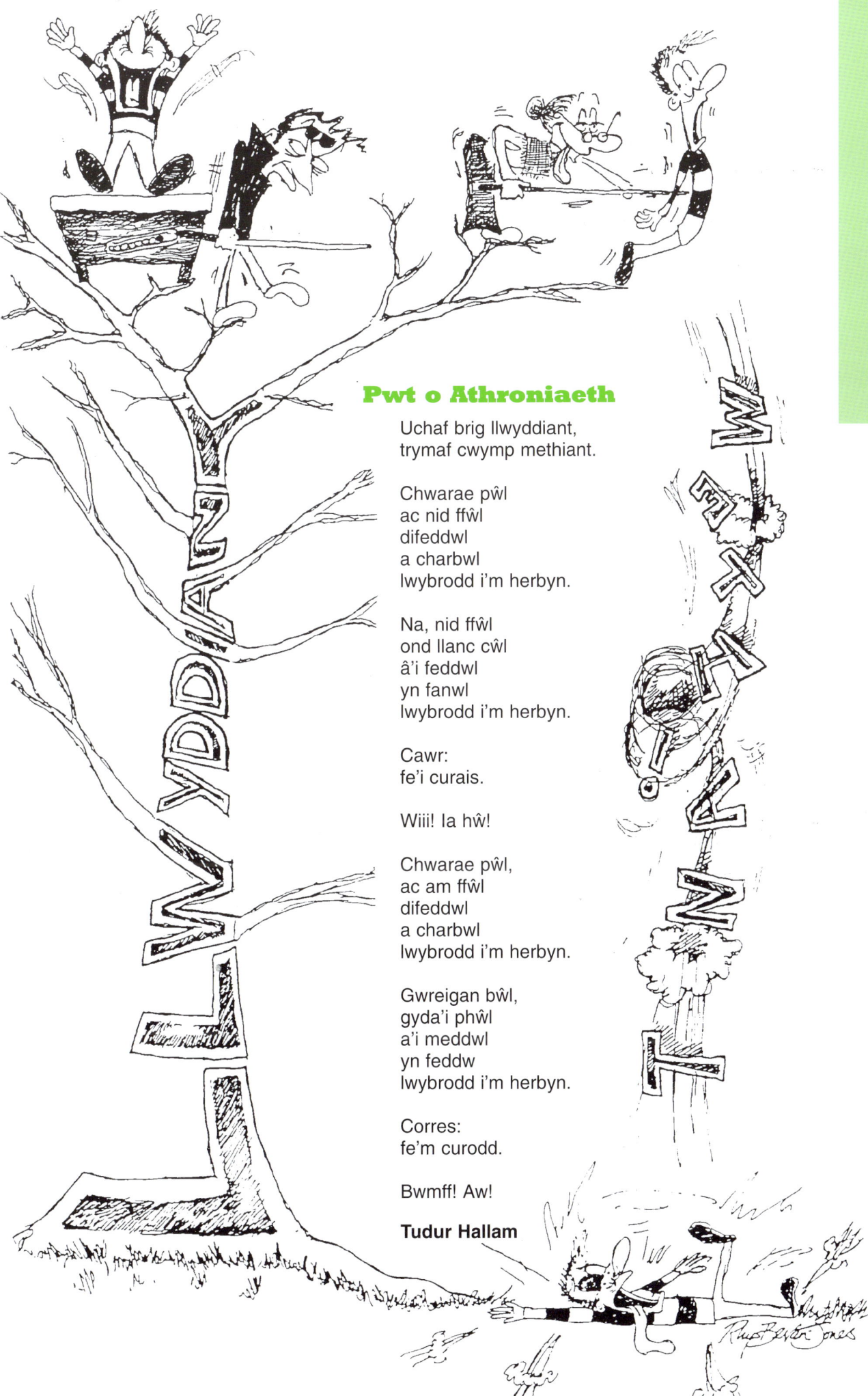

Pwt o Athroniaeth

Uchaf brig llwyddiant,
trymaf cwymp methiant.

Chwarae pŵl
ac nid ffŵl
difeddwl
a charbwl
lwybrodd i'm herbyn.

Na, nid ffŵl
ond llanc cŵl
â'i feddwl
yn fanwl
lwybrodd i'm herbyn.

Cawr:
fe'i curais.

Wiii! Ia hŵ!

Chwarae pŵl,
ac am ffŵl
difeddwl
a charbwl
lwybrodd i'm herbyn.

Gwreigan bŵl,
gyda'i phŵl
a'i meddwl
yn feddw
lwybrodd i'm herbyn.

Corres:
fe'm curodd.

Bwmff! Aw!

Tudur Hallam

Ysgrifennu Gwerthfawrogiad

COFIWCH

- Bydd gofyn i chi baratoi yn drylwyr. Rhaid darllen y gerdd sawl gwaith er mwyn ei deall yn iawn. Nid yw cerdd dda yn ildio'i hystyr ar y darlleniad cyntaf.

- Ysgrifennwch nodiadau manwl yn hytrach na cheisio storio popeth yn eich cof.

- Peidiwch â gwneud penderfyniad yn rhy sydyn ynglŷn ag ystyr y gerdd.

- Ceisiwch beidio â bod yn rhy negyddol. Chwiliwch am bwyntiau cadarnhaol yn ogystal.

- Byddwch yn amyneddgar os nad ydych yn deall pob llinell. Canolbwyntiwch ar y llinellau arbennig sy'n apelio atoch chi.

- Peidiwch â thwyllo'r athro/arholwr wrth ysgrifennu yr hyn y tybiwch y byddai ef/hi am ei glywed.

- Peidiwch â dweud eich bod yn hoffi rhyw linell neu ymadrodd heb roi rhesymau da dros eich gosodiad.

- Peidiwch â disgwyl i bob darn fod yn cynnwys rhyw ystyr gudd.

- Parchwch eich barn.

CAM 1

Dechreuwch drwy ddarllen y gerdd gan ymateb â'ch llygad ac yna â'ch clust. Chwiliwch am galon y gerdd, ac yna ewch ar daith o'i hamgylch gan ysgrifennu rhai nodiadau.

CAM 2

Er mwyn ymateb yn ddyfnach i'r gerdd, ysgrifennwch nodiadau dan y penawdau ar y daflen ganllawiau.

CAM 3

Ceisiwch gasglu'r cyfan at ei gilydd o dan y penawdau

- *Sut gerdd yw hi?*
- *Beth yw bwriad yr awdur?*
- *Sut mae'r gerdd yn gweithio?*
- *Pa dechnegau a ddefnyddiodd y bardd?*
- *Beth yw'ch ymateb chi i'r gerdd?*
- *Ydy'r bardd wedi llwyddo i gyflawni ei fwriad?*

RHOWCH GYNNIG ARNI

Ysgrifennwch werthfawrogiad o'r gerdd

'Siapiau o Gymru' *(Menna Elfyn)*
neu
'Pwt o Athroniaeth' *(Tudur Hallam)*
neu
'Mae Mam yn Dweud' *(Tudur Hallam)*

Efallai y byddwch am ddefnyddio rhai o'r patrymau hyn wrth gloriannu.

- Credaf mai'r hyn sydd wedi sbarduno'r bardd i gyfansoddi'r gerdd yw …
- Mae'n amlwg bod y gerdd yn seiliedig ar y profiad o …
- Tybiaf fod y bardd wedi dewis y teitl oherwydd …
- Arwyddocâd y teitl yw …
- Calon y gerdd yw'r syniad/teimlad o …
- Rhydd y bardd gyfle i rannu profiad/teimlad gydag ef/hi …
- Bwriad y bardd yn y gerdd yw …
- Agwedd y bardd at y testun yw …
- Cyfansoddwyd y gerdd ar batrwm y …
- Sylwais ar nifer o dechnegau a ddefnyddiodd y bardd …
- Fy ymateb cyntaf i'r gerdd oedd …
- Ar ôl ei darllen sawl gwaith sylweddolais …

Cymharu dan ddarn o farddoniaeth

CAM 1. PARATOI

i. Darllenwch y ddau ddarn unwaith er mwyn cael syniad cyffredinol o'r thema, yr ymdriniaeth, a natur y berthynas rhwng y ddau ddarn.

ii. Ail ddarllenwch ddarn A gan wneud nodiadau brysiog wrth fynd ar daith o gwmpas y gerdd ar achlysur a natur y darn gan roi sylw i'r llais, geiriau, delweddau, syniadau, teimladau ac yn y blaen. Ail ddarllenwch ddarn B gan ysgrifennu nodiadau yn yr un modd.

iii. Nodwch beth sy'n arbennig ynglŷn â'r ddau ddarn gan gynnwys peth tystiolaeth i gefnogi'r gosodiadau. (Peidiwch ag ysgrifennu mwy na dwy/dair llinell er mwyn ceisio hoelio sylw ar galon y ddwy gerdd.)

iv. Rhestrwch y prif bethau sy'n debyg ac yn annhebyg yn y darnau.

CAM 2. YSGRIFENNU TRAETHAWD

- **Y paragraff agoriadol**
  - yn seiliedig ar iii. uchod, sy'n pwysleisio ansawdd a natur y darnau dan sylw.

  Y paragraffau nesaf
  - yn seiliedig ar ii. uchod, yn trafod y manylion y sylwoch chi arnynt wrth astudio'r darnau.

  (Yn yr adran hon, gwell canolbwyntio ar y ddwy gerdd ar wahân yn union fel y gwnaethoch wrth ysgrifennu'r nodiadau.)

- **Y paragraff olaf**
  - yn seiliedig ar iv. uchod sy'n trafod y prif bethau sy'n debyg ac yn annhebyg, yn y ddau ddarn.
  - os yw'n berthnasol, nodwch y rhesymau pam y mae'n well gennych un o'r darnau yn fwy na'r llall.

Rhowch gynnig arni

Gan ddefnyddio'r canllawiau ar y daflen, cymharwch y ddwy gerdd ar **'Bosnia'**. Yna ewch ati i gymharu **'Y Llyw Olaf'** a **'Cwm Hir Abbey'**; **'Arthur y Cymry'** a **'Y Ffordd o Camelot'** a cherdd Gwyn Thomas **'Technoleg'** gydag englyn o waith Tudur Hallam ar yr un testun.

Bosnia

Mae Bosnia ar goll:
diflannodd o'r penawdau.
Caed syrffed ar wae Sarajevo.
A Gorazde?
Diflaswyd ar ei chur.
Pylodd lliw gobaith y capannau glas -
fel bwtsias, daeth eu tymor i ben.
Er bod gwaed cymdogion eto'n staen ar y stryd
nid oes neb yno i dynnu llun.
Nid hwn yw trychineb y dydd.

Mae Bosnia ar goll:
llithrodd oddi ar sgrin
cyfrifiadur fy ymennydd.
Chwiliais o dan: Croatia …Serbia … ac Iwgoslafia.
chwiliais o dan: dioddefaint … dagrau … a dyn,
dan hil … dan dileu … a than Mohamed.
Chwiliais hefyd o dan Duw
ond aeth hon ar goll yn y limbo.
Fel Fietnam ac Ethiopia
mae mewn ffeil sydd dros oror y fall

a myngus yw 'ngherdd.
Rhyngddi hi a'i thestun
y mae uffern o anwybod
y mae miliwn ar ddisberod
ac mae dau gan mil o gyrff.

Enid Wyn Baines

Bosnia

Ni wyddom am ddioddef;
Ni all llun ailyngan llef
Na dal rhan o'i dolur hi,
Unrhyw ran o'i thrueni.

Ni wyddom am hil-laddiad
Na'r gwir am chwerwder y gad
Pan dry'n elyn un a oedd
Yn gymydog am hydoedd;
Ac yno'n sŵn y gynnau
Y mae'r wasg a'r camerâu
I ni dan ein gofid gwâr
Eu gwylio yn eu galar.

Ni wyddom ddarnio heddwch,
Darnio lle a'i droi yn llwch;
Yno mae drwy'r strydoedd mud
Anhunedd ym mhob munud,
A synau arf casineb
Yw synau'r nos yn nhir neb.

Nawr o'n cof yn angof aeth
Meirwon ein hanymyrraeth,
A hanes eu trueni
Mwy yn nos na wyddom ni.

Emyr Davies

y gerdd

Y Llyw Olaf

Ger y dŵr, ger afon Irfon
Ar ddydd o Ragfyr oer
Y lladdwyd ein Llywelyn,
Ein llyw, ein llew, ein lloer.

Ger y dŵr, ger afon Irfon
Un gaeaf daeth yr awr
Y trawwyd y tywysog,
Y bwriwyd Cymru i'r llawr.

Am y dŵr, am afon Irfon
A'r cwymp mae'r cof yn ir:
Mae bedd nad â yn angof
Yn naear las Cwm Hir.

Gwyn Thomas

Cwm Hir Abbey

Medi ydoedd, a'r dail yno
Yn hydrefu i'w lliw olaf,
Canys darfu'r haf.

Darnau'n unig oedd yno
O waliau, cerrig, cymrwd hen
Yn y llain aflawen.

Lle bu allor, ar y llawr yno
Ar ei chefn, yr oedd llechen
Ac arni gleddyf ac ysgrifen.

Ysgythrasid "Llywelyn
ap Gruffudd," ei enw yno
Yn y caledwch hwnnw, "Tywysog Cymru".

Uwchben ei enw yno,
Un pren a gofid arno –
Ysgawen lom, lyfreiog.

Gerllaw roedd sŵn, sio troell-lifio –
Sŵn gwŷr yno'n llifio prennau,
Fel sŵn gwŷr yn llifio pennau.

Yn ddi-ben mae'i gelain yno
Dan farwolaeth, dan gwymp y dail melyn
Mewn olion llwm, mewn cwm hir, hir:
Llywelyn.

Gwyn Thomas

Llun: Marian Delyth

Llun: Marian Delyth

Arthur y Cymry

Afallon.

Yn hwyr y dydd hwnnw,
Yn hwyr y dydd hwnnw
A'r haul ar fachludo,
A'r haul ar fachludo
Darfu dwndwr y brwydro,
Darfu dwndwr pob brwydro.

Ger dŵr y dydd hwnnw,
Ger dŵr y dydd hwnnw
A'r haul ar fachludo,
A'r haul ar fachludo
Dacw fo wedi'i frifo,
Dacw frenin pob brwydro.

A'r nos yn dynesu,
A'r nos yn dynesu
Daw cwch drwy'r tawelwch,
Daw cwch trwy'r tawelwch
I'w ddwyn ef i'r dirgelwch,
I'w ddwyn ef i'r dirgelwch i fendio
      i fendio …
        Efallai.

Gwyn Thomas

Y Ffordd o Gamelot

('By South Cadbury is that Camelot.')

Ai hon yw hi, y ffordd i Gamelot?
Ai hon yw ffordd breuddwydion ein boreddydd?

Hon, fe ymddengys, yw hi.
Hon, yn wtra leidiog,
Yn ffordd drol garegog,
Hon yw hi.

Fel cath trwy wlith fe ddringaf
Gan droedio'n garcus, dinfain
I Gaer y Brenin Arthur.

Y mae, fel y noda'r archaeolegwyr,
Y safle'n un strategol
Yn gwylio'r gwastadedd,
Yn blingo unrhyw elyn o'i amddiffyn:
Y mae'n gaer ar fryn frenhinol.

Yma bu dychymyg yr henfyd yn creu dreigiau,
Rhyfeddodau'r goruwchnaturiol,
Dewiniaeth Myrddin. Yma deuai delweddau
O'r isymwybod yn heidiau cnawdol
I rempio a champio hyd y byd,
Neu i ddal dynion â'u cyfaredd –
Y Rhiain Wen gerllaw y dyfroedd disglair,
Y Gwawl Aur, y Fforest Hud,
A'r Greal Santaidd.

Trwy'r fath feddyliau holltodd jet brynhawnol
Ei ffordd gan anafu'r tawelwch;
Sgriffiodd fel dril trwy'r llonyddwch
A bwrw stolpiau a naddion metelaidd ei sŵn
Yn llym hyd y lle.

Delwedd ydyw hi o'n dychymyg ni,
Fel y mae'r car rhadlon,
Y set deledu, y peiriant golchi,
A dur i wnïo'r galon.

Darfu'r dreigiau gyda golau'r trydan,
Pallodd Myrddin yn ei niwl ofer,
Mae'r Rhiain Deg wedi darfod gyda'i dirgelwch
A'r Greal yn ffug gwirion –
Fel y gwyddom gyda'n dyddio-carbon.
Y mae'n breuddwydion yn ddarnau o fater.

Hon yw hi, yn siŵr,
Y ffordd o Gamelot.

Gwyn Thomas

TECHNOLEG

Trwy'n camddeall deallus – wynebu
Anwybod peryglus
Wna hil ein byd os blaen bys
Fydd brwydrau'n harfau nerfus.

Tudur Hallam

Technoleg, meddai

'Technoleg. A!' meddai, 'Technoleg!'
A mynd ati i roi portread enbyd o ddyn
Yn wythïen a gwifren ynghyd,
Wedi ymbriodi â haearn,
A'i galon yn galed i gyd.

Edrychai ar ei gynulleidfa trwy sbectol
Yr oedd ei gwydrau wedi eu toddi mewn gwres priodol
Ac wedi eu troelli'n filimetraidd fanwl i fod yn atebol
I chwyddo ei olygon fel y gallai
Weled y pell yn agos, pethau bychain yn fawr,
A gweld môr o bobol yn unedau unigol.

Bwytaodd, ar ôl y cyfarfod,
Bryd o lysiau gan gnoi
Â'r dannedd gwyn a oedd
Wedi eu gosod mewn cnawd sunthetig, pinc
I ffitio'n esmwyth i'w enau.

Ac adref; adref, mewn cwpwrdd, cadwai
Mewn jár grafiadau o gerrig garw
A fu'n rhychu yn ei berfeddion
Nes iddo, dan anaesthetig,
Gael ei agor ac i'r arteithiau graean
Gael eu pigo, un ac un, allan
Â gefail fechan, liw arian.

Adref, hefyd, yr oedd ganddo,
Ar silff-ben-tân, lun o'i frawd
Yn ugain oed yn ei lifrai, mewn diffeithwch,
Yn gwenu'r wên honno y bydd pobol
Yn ei gwenu'n ymwybodol i gamera.

Y brawd hwn, fe fu iddo –
Wythnos ar ôl cael tynnu ei lun
Gael ei chwythu'n racs mewn tanc.
Ac yno, dan lethdod melyn yr haul,
Y llifodd yn goch ei waed,
Y llifodd, hefyd, yr olew yn ddu.
A bu i'r rhain –yr olew du a'r gwaed –
Gymysgu am ennyd bach yn bwll
Cyn suddo, am byth, trwy graster y ddaear sychedig.
Yno, ag un ergyd, y cafodd ei gnawd ei aredig
Yn siafins gwlyb;
Yno, hefyd, y rhaflwyd yr haearn,
Ac yno y plethwyd y rhain ynghyd
Yn ystod trydedd flwyddyn yr Ail Ryfel Byd.

Gwyn Thomas

rhan 4
Hoelio sylw ar dechneg y bardd

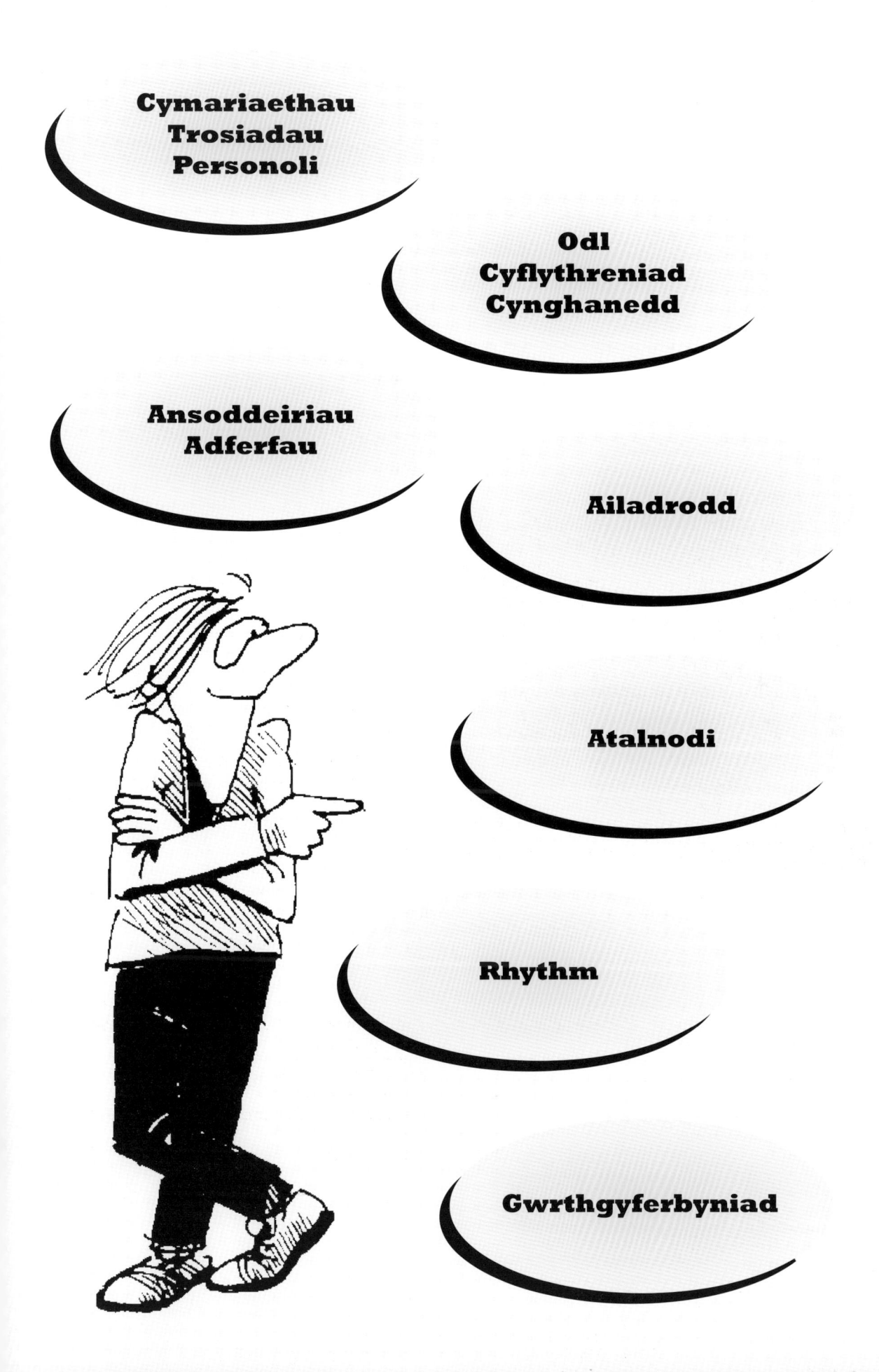

- **Cymariaethau / Trosiadau / Personoli**
- **Odl / Cyflythreniad / Cynghanedd**
- **Ansoddeiriau / Adferfau**
- **Ailadrodd**
- **Atalnodi**
- **Rhythm**
- **Gwrthgyferbyniad**

Pa Dechnegau?

BETH YW CYMHARIAETH?

- Dau beth yn cael eu cymharu er mwyn creu effaith ddisgrifiadol arbennig.

- Defnyddir cymhariaeth er mwyn tanlinellu, pwysleisio neu dynnu sylw at ryw elfen arbennig.

YSTYRIWCH TRAFODWCH

- Darllenwch y gerdd **'Siapiau o Gymru'** gan Menna Elfyn yn ofalus unwaith eto. Y tro hwn canolbwyntiwch ar y diweddglo a sylwch ar y gymhariaeth a ddewisodd i bwysleisio ei hymlyniad at ei gwlad.

- Pa elfen arbennig yr oedd y bardd am dynnu sylw ati wrth orffen y gerdd?

- Ydy'r gymhariaeth yn rhoi clo effeithiol i'r darn? Cofiwch roi rhesymau.

- I ba raddau y mae'r gymhariaeth yn gymorth i'r bardd gyfllawni ei bwriad?

Siapau O Gymru

Ei diffinio own
ar fwrdd glân
rhoi ffurf i'w ffiniau
ei gyrru i'w gororau
mewn inc coch;
ac meddai myfyriwr o bant
'It's like a pig running away';
wedi bennu chwerthin,
rwy'n ei chredu;
y swch gogleddol
yn heglu'n gynt
na'r swrn deheuol
ar ffo rhag y lladdwyr.

siapiau yw hi siwr iawn:

yr hen geg hanner rhwth
neu'r fraich laes ddiog
sy'n gorffwys ar ei rhwyfau;
y jwmpwr, wrth gwrs,
      ar ei hanner
gweill a darn o bellen ynddi,
ynteu'n debyg i siswrn
parod i ddarnio'i hun.
cyllell ddeucarn anturiaethydd,
neu biser o bridd
craciedig a gwag.

a lluniau amlsillafog
yw'r tirbeth o droeon
a ffeiriaf â'm cydnabod
a chyda'r estron
sy'n ei gweld am yr hyn yw:

digri o wasgaredig
sy
am
fy
mywyd
    fel bwmerang diffael yn mynnu
                  mynnu
       ffeindio'i
     ffordd
   yn
ôl
at fy nhraed.

Menna Elfyn

Beth yw trosiad?

- Un peth yn cael ei alw yn rhywbeth arall. Dyma enghraifft o'r gerdd 'Y Cymry Cymraeg' gan Gwyn Thomas.

> Y gweddill sydd yma -
> Beth ŷnt ond pirana
> Mewn powlen yn difa
> Ei gilydd.

YSTYRIWCH TRAFODWCH

- Sylwch yn ofalus ar y trosiad yn y gerdd.
- Pa elfen arbennig yr oedd y bardd am dynnu sylw ati?
- Ydy'r darlun yn helpu'r bardd i gyflawni ei fwriad?

COFIWCH

Nid digon yw dweud bod cymhariaeth neu drosiad yn effeithiol.
* **Rhaid rhoi rhesymau**

TROSIAD ESTYNEDIG

- Ambell waith bydd y bardd yn dewis cynnal y trosiad dros nifer o linellau neu drwy'r gerdd yn gyfan. Dyma'r hyn a wnaeth Gwyn Thomas yn ei gerdd **'Cymry'**.

YSTYRIWCH TRAFODWCH

- Darllenwch y gerdd yn ofalus a sylwch sut mae'r bardd wedi cynnal y trosiad drwy gydol y darn.
- Beth yw eich barn am ei ddull o bortreadu'r Cymry fel gast sy'n lladd ei chenawon?

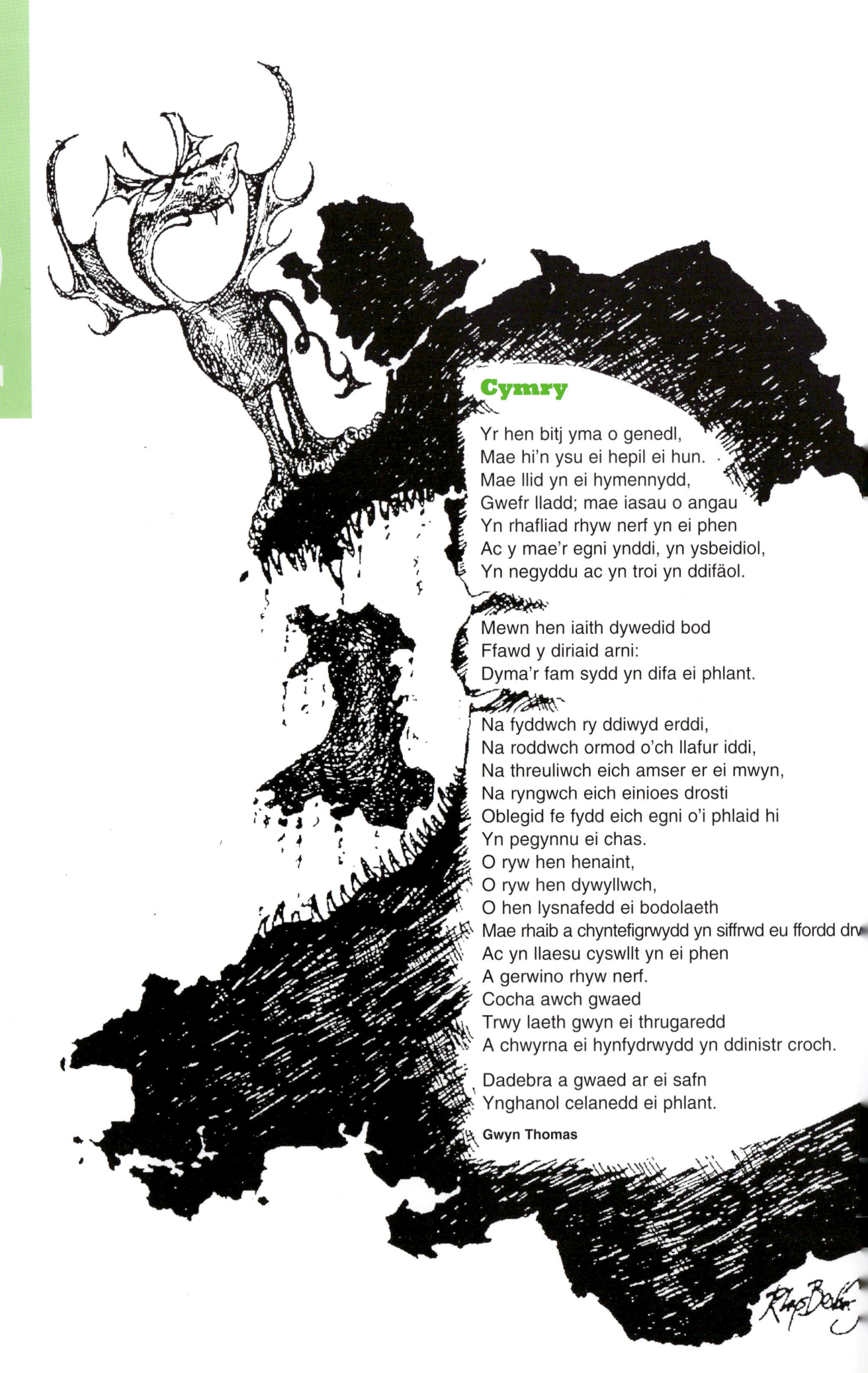

Cymry

Yr hen bitj yma o genedl,
Mae hi'n ysu ei hepil ei hun.
Mae llid yn ei hymennydd,
Gwefr lladd; mae iasau o angau
Yn rhafliad rhyw nerf yn ei phen
Ac y mae'r egni ynddi, yn ysbeidiol,
Yn negyddu ac yn troi yn ddifäol.

Mewn hen iaith dywedid bod
Ffawd y diriaid arni:
Dyma'r fam sydd yn difa ei phlant.

Na fyddwch ry ddiwyd erddi,
Na roddwch ormod o'ch llafur iddi,
Na threuliwch eich amser er ei mwyn,
Na ryngwch eich einioes drosti
Oblegid fe fydd eich egni o'i phlaid hi
Yn pegynnu ei chas.
O ryw hen henaint,
O ryw hen dywyllwch,
O hen lysnafedd ei bodolaeth
Mae rhaib a chyntefigrwydd yn siffrwd eu ffordd drw
Ac yn llaesu cyswllt yn ei phen
A gerwino rhyw nerf.
Cocha awch gwaed
Trwy laeth gwyn ei thrugaredd
A chwyrna ei hynfydrwydd yn ddinistr croch.

Dadebra a gwaed ar ei safn
Ynghanol celanedd ei phlant.

Gwyn Thomas

Ydy'ch clust yn effro i rythm y gerdd?

- Wrth ddarllen cerdd dylech fod yn ymwybodol o rythm y llinellau, symudiad a chyflymder y brawddegau a sain y geiriau.

- Ceisiwch benderfynu a yw'r rhythm yn ysgafn ac yn gyflym neu yn drwsgl ac yn araf.

- Sylwch a yw'r rhythm yn newid o gwbl.

RHOWCH GYNNIG ARNI

- Paratowch ddarlleniad/gyflwyniad o'r gerdd **'Yn y Trên'** gan Gwyn Thomas. Ynddi mae'r bardd yn ceisio efelychu'r rhythmau sy'n newid yn ôl cyflymder y trên.

YSTYRIWCH TRAFODWCH

- Y ffordd mae'r rhythm yn chwarae rhan allweddol yn y darn.

- Chwiliwch am ddarnau eraill o farddoniaeth sy'n dibynnu ar rythm er mwyn creu effaith arbennig.

y gerdd

YN Y TRÊN

Cychwyn, cychwyn,
Troi yr olwyn,
Troi yr olwyn, olwyn olwyn
Tynnu tynnu dechrau cyflymu
Heibio caeau coed a llethrau
Heibio tai a rhes o doeau
Heibio polion polion polion
Wedyn y mynd
Wedyn y mynd
Symud yn smêc
Symud yn smêc
Strimyn o fyd
Strimyn o fyd
**Croesi wedyn yn
   groes i gledrau**
Wedyn y mynd
Symud yn smêc
Strimyn o fyd
Clec o dywyllwch
Twnel yn fwrllwch
Golau yn rhesi
Tu hwnt i'r ffenestri
Draw ar y wal
Draw ar y wal
Ffrwydrad o olau
Ar ôl y twnelau
Ar ôl y twnelau
Ffrwydrad o olau
Ffrwydrad o olau
Symud yn smêc
Symud yn smêc
Nes daw gwichian gwichian o'r brêc
Yna mae'r cerbyd yn dechrau arafu
Dechrau arafu
Caeau'n llonyddu, coed yn parêdio,
Parêdio'n arafach,
Sglefrio y llethrau'n arafu, arafu,
Toeau'n troi yn bennau tai,
To y tŷ, to y tŷ, heb fod mewn rhesi –
Strimyn o fyd yn troi yn unedau,
Unedau o bethau,
Arafu yr olwyn olwyn, olwyn,
Arafu, arafu,
Gorsaf, araf,
Araf i orsaf
Yno,
Stopio.

Gwyn Thomas

Ailadrodd

- Bydd y bardd yn aml yn ailadrodd sain, syniad neu linell er mwyn creu effaith arbennig.

- Sylwch fel mae'r ailadrodd yn y gerdd **'Morgrug'** gan Gwyn Thomas yn cyfleu'r holl ddiwydrwydd a phrysurdeb sy'n perthyn i fyd y morgrug.

Morgrug

Morgrug, morgrug,
Mynd mân, mynd mân,
Symud symud,
A blewiach bach o goesau
Yn cario'u boliau brown a'u pennau.

Traed traed traed,
Diwydrwydd o draed
Prysur prysur ar fynd,
Mynd mynd mynd.

Prysurdeb pwrpasol,
Pwrpasau penodedig,
Bodolaeth ganllawiedig hollol
Heb un stop i ystyried yr holl rigmarôl,
Dim ond mynd mân, mynd mân,
Symud symud symud,
Morgrug, morgrug.

Gwyn Thomas

- **Sylwch**
  Yn y gerdd 'Pwt o Athroniaeth', y mae'r ail ran yn cyfateb bron yn union i'r rhan cyntaf, ond gyda chanlyniadau pur wahanol. Wrth ail adrodd llwydda'r bardd i bwysleisio'r gwrth gyferbyniad rhwng y ddwy sefyllfa.

Pwt o Athroniaeth

Uchaf brig llwyddiant,
trymaf cwymp methiant.

Chwarae pŵl,
ac nid ffŵl
difeddwl
a charbwl
lwybrodd i'm herbyn.

Na, nid ffŵl,
ond llanc cŵl
â'i feddwl
yn fanwl
lwybrodd i'm herbyn.

Cawr:
fe'i curais.

Wiii! Ia hŵ!

Chwarae pŵl,
ac am ffŵl
difeddwl
a charbwl
lwybrodd i'm herbyn.

Gwreigan bŵl,
gyda'i phŵl
a'i meddwl
yn feddw
lwybrodd i'm herbyn.

Corres:
fe'm curodd.

Bwmff! Aw!

Tudur Hallam

y gerdd

Hoelio sylw ar agwedd

y gerdd

- SARCASTIG
- HURT
- PENDERFYNOL
- GWRTHRYFELGAR
- CADARNHAOL
- FFUANTUS
- DYCHANOL
- YSGAFN
- NEGYDDOL
- SENTIMENTAL
- BUDDUGOLIAETHUS
- CYFRIFOL
- CELLWEIRUS
- DIFRIFOL
- DIDWYLL
- SINICAIDD
- DIGALON
- DWYS
- MORBID
- BEIRNIADOL
- HEN FFASIWN
- DIFRÏOL
- TEYRNGAR
- TEIMLADWY
- DIFFUANT

1. Cymru/Cymreictod

Cân y di-lais i British Telecom

'Ga i rif yng Nghaerdydd, os gwelwch …'

'Speak up!'

'GA I RIF YN NGHAER–'

'Speak up – you'll have to speak up.'

Siarad Ian, wrth gwrs, yw'r siars
i siarad Saesneg,
felly, dedfrydaf fy hun i oes
o anneall, o ddiffyg llefaru
ynganu, na sain na si
na goslef, heb sôn am ganu,
chwaith fyth goganu, llafarganu,
di-lais wyf, heb i'm grasnodau
na mynegiant na myngial.

Cans nid oes im lais litani'r hwyr,
dim llef gorfoledd boreol
nac egni cryg sy'n cecian, yn y cyfnos.
Atal dweud? Na. Dim siarad yn dew
dim byrdwn maleisus, na moliannu.

Ac os nad oes llef gennyf i
ofer yw tafodau rhydd fy nheulu,
mudanwyr ŷm, mynachod,
sy'n cyfrinia mewn cilfachau.

Ym mhellter ein bod hefyd
mae iaith yr herwr
yn tresmasu, ei sang yn angel du,
gyrru'r gwaraidd – ar ffo.

Wrth sbio'n saff, ar y sgrin fach
gwelaf fod cenhedloedd mewn conglau mwy
yn heidio'n ddieiddo;
cadachau dros eu cegau,
cyrffiw ar eu celfyddyd
alltudiaeth sydd i'w lleisiau,
a gwelaf fod yna GYMRAEG rhyngom ni.

A'r tro nesaf y gofynnir i mi
'siarad Ian',
yn gwrtais, gofynnaf i'r lleisydd
'siarad lawr',
i ymostwng i'r gwyleidd-dra
y gwyddom amdano, fel ein gwyddor.
Ac fel 'efydd yn seinio'
awgrymaf, nad oes raid wrth wifrau pigog',
bod i iaith 'wefrau perlog',
a chanaf, cyfathrebaf
mewn cerdd dant,
yn null yr ieithoedd bychain;
pobl yn canu alaw arall
ar draws y brif dôn,
er uched ei thraw,
Gan orffen bob tro
yn gadarn, un-llais,
taro'r un nodyn — a'r un nwyd,
gan mai meidrol egwan ein mydrau.

'A nawr, a ga i —
y rhif yna yng Nghaerdydd?'

Menna Elfyn

Ail Eni

Pe cawn fy ail eni i'r greisionen o ddaear,
y tro nesaf, Fod anwel, gwna fi yn fwy claear,

Heb boeni i'r byw am genedl dynion;
gwell fyth, Grëwr hael, rho im synnwyr y gwirion.

Ac na ad im berthyn i leiafrif bychan
ond gormeswr cry ag ysgwyddau llydan.

O gaffael rhyw ddawn gad im greu gyda'm dwylo;
Cans nid yw bysedd yn medru wylo.

A gwna fi ar ddelw y rhyw sy'n wrywaidd,
Heb groth a heb fisglwyf i'm gwneud yn lliprynnaidd!

Hyn fydde'r uchelgais, pe dychwelwn i'r cread
Ond y dyddiau hyn, nid yw hynny'n ddyhead!

Menna Elfyn

y gerdd

YSTYRIWCH TRAFODWCH

- Pa un o'r cerddi sy'n dangos bod Menna Elfyn yn methu â chael gwared â'r cyfrifoldeb o fod yn Gymraes?
- A oes yna elfen o feirniadaeth yn ei cherddi?
- Pa ansoddair fyddech chi'n ei ddewis i ddisgrifio ei hagwedd yn '**Cân y Di-Lais i British Telecom**'?
- Ydy'r bardd o ddifrif yn y gerdd '**Ail Eni**'?

Neges
(ar awr wan)

Gwrandewch … Gymry.

Gadewch in ddiflannu
o gramen daear
gydag urddas pobol,
â llafariaid dyn;
nid igian wylo lliprynnod
a'n cefnau at Fur,
ond llafarganu'n swynol;
sugno'r nos,
nes cysgu
ar fronnau'n hiaith,
yna, diolch,
hyd yn oed
am swc olaf deg
ein hanes.

Roedd rhywbeth ynom fel pobol
a oedd yn mynnu marw,
cans cenedl oeddem
yn profi'n ail-law
afiaith byw.

A phe gwnaem
farw'n wirfoddol,
diau y deuai drwy'r awyr
ar y *News at Ten*
fel yr eitem ddigri olaf
cyn y *Close Down*.

Menna Elfyn

Siapau O Gymru

Ei diffinio own
ar fwrdd glân
rhoi ffurf i'w ffiniau
ei gyrru i'w gororau
mewn inc coch;
ac meddai myfyriwr o bant
'It's like a pig running away';
wedi bennu chwerthin,
rwy'n ei chredu;
y swch gogleddol
yn heglu'n gynt
na'r swrn deheuol
ar ffo rhag y lladdwyr.

siapiau yw hi siwr iawn:

yr hen geg hanner rhwth
neu'r fraich laes ddiog
sy'n gorffwys ar ei rhwyfau;
y jwmpwr, wrth gwrs,
            ar ei hanner
gweill a darn o bellen ynddi,
ynteu'n debyg i siswrn
parod i ddarnio'i hun.
cyllell ddeucarn anturiaethydd,
neu biser o bridd
craciedig a gwag.

a lluniau amlsillafog
yw'r tirbeth o droeon
a ffeiriaf â'm cydnabod
a chyda'r estron
sy'n ei gweld am yr hyn yw:

digri o wasgaredig
sy
am
fy
mywyd
    fel bwmerang diffael yn mynnu
                            mynnu
            ffeindio'i
        ffordd
    yn
ôl
at fy nhraed.

Menna Elfyn

y gerdd

- Ydych chi'n cyd-fynd â Nesta Wyn Jones pan ddywed bod cariad at genedl ac iaith yn gofyn am aberth ac aeddfedrwydd ar ein rhan?

- Pa un o'r cerddi sy'n cyfleu eich agwedd chi at Gymru a Chymreicod?

- A wnaeth y gerdd i chi feddwl o ddifrif am y testun?

- Ydy'r trosiad a ddewisodd Gwyn Thomas yn y gerdd **'Cymry'** yn cyfleu ei agwedd ef at y testun?

- Ydych chi'n credu ei fod o ddifrif yn y gerdd?

- Fyddech chi wedi hoffi pe bai ei agwedd yn fwy cadarnhaol?

Y Dyrfa

Plant ydym:
Pa reidrwydd sydd arnom i roi heibio ein teganau?
A pha ddisgwyl inni fedru taflu o'r neilltu
Bethau bywyd bob dydd
A ninnau mor farus am ennill pob gêm?

Plant ydym:
Pa ddisgwyl i blentyn ddewis, o'i fodd,
Lwybr diarffordd, neilltuedig
Y daith anghyfeillgar?
Gwthiwn i'r chwarae, gan hynny,
Gan brepian ein bratiaith.

Plant ydym …
Yn ddiniwed-wybodus,
Yn ddihyder, gastiog …

Ymhlith y petheuach sy'n bopeth inni
Nid oes lle nac amser i nyrsio cyfran o ddaear,
Ac ar riniog wenieithus ein geneuau
Ond odid y petrusa'r Gymraeg.

Nesta Wyn Jones

Cymry

Yr hen bitj yma o genedl,
Mae hi'n ysu ei hepil ei hun.
Mae llid yn ei hymennydd,
Gwefr lladd; mae iasau o angau
Yn rhafliad rhyw nerf yn ei phen
Ac y mae'r egni ynddi, yn ysbeidiol
Yn negyddu ac yn troi yn ddifäol

Mewn hen iaith dywedid bod
Ffawd y diriaid arni:
Dyma'r fam sydd yn difa ei phlant.

Na fyddwch ry ddiwyd erddi
Na roddwch ormod o'ch llafur iddi,
Na threuliwch eich amser er ei mwyn,
Na ryngwch eich einioes drosti
Oblegid fe fydd eich egni o'i phlaid hi
Yn pegynnu ei chas.
O ryw hen henaint,
O ryw hen dywyllwch,
O hen lysnafedd ei bodolaeth
Mae rhaib a chyntefigrwydd yn siffrwd eu ffordd drwyddi
Ac yn llaesu cyswllt yn ei phen
A gerwino rhyw nerf.
Cocha awch gwaed
Trwy laeth gwyn ei thrugaredd
A chwyrna ei hynfydrwydd yn ddinistr croch.

Dadebra a gwaed ar ei safn
Ynghanol celanedd ei phlant.

Gwyn Thomas

Tân Llywelyn

Mae isel dân Llywelyn
Yn para yng Ngwalia 'nghyn,
Grymusodd rhag gormeswr
Ei olau'n dwym yng Nglyndŵr,
A'i farwor a adferwyd
Yn gannwyll llosg Morgan Llwyd.

Penyberth yn goelcerthi,
A'i wres yng nghalonnau'r Tri,
A'i olau ar ruddiau rhwth
Wynebau gwŷr Carnabwth
Wrth gynnau porth y gynnen
Hyd ei sail yn Efailwen.

Megis ar ros yn mygu,
Mae'n dwym dan y mannau du.
Er marw bron gwreichionen,
Awel Mawrth a'i try'n fflam wen
Fan arall a dyr allan, -
Mae'n anodd diffodd ei dân.

Dic Jones

Clawdd Offa

Nid wal sy'n rhannu dwywlad, - na dwrn dur
   Rhyw hen deyrn anynad,
   Nid rhith o glawdd trothwy gwlad,
   Nid tyweirch ond dyhead.

Dic Jones

Ei Gymraeg i mi a rodd: — o'i wefus
   yn gryf fe'i cusanodd
at ŵyr hoff, ac yno trodd
un mwydryn i'w ymadrodd.

A'r Gymraeg i mi yw'r hyn — a'n huna'n
   ein llinach ddiderfyn;
hi o'i isgell a esgyn
i'n cynnal a'n dal yn dynn.

Gwelaf hyn a gwelaf oll; — fe welaf
   heulwen ei ddifancoll;
ac o weld mae'r gwae ar goll
a'r arch yn oer ei harcholl.

O'r newydd bron, rhinwedd braf
yn ei heulwen a welaf;
hi yw heulwen ei heniaith,
heulwen oes i'w hil yn iaith;
hi yw'r wawr gwyd her o hyd
o'm hachlin rhag ei machlud.

Na, nid sen yw'r heulwen hon,
ond coel i godi calon:
arwydd byw nad pridd y bedd
a dawa'r iaith i'w diwedd;
ac er iddi golli gŵr
o'i linach daw olynwr.

O'i lawenydd, wyf linach,
wyf hyd oes, wyf fywhad ach,
wyf gyfnod, wyf ddyfodol,
wyf fodd i rai ar fy ôl,
wyf ddoe heddiw, wyf ddyddiau,
wyf fory hyf i rai iau.

Wyf ddyn, wyf etifedd iaith,
wyf einioes, wyf fy heniaith,
wyf ei thwf, wyf ei thafod,
wyf ei hen nerth, wyf ei nod,
wyf ei hias deg, wyf ei stŵr,
wyf ei châr, wyf ei chariwr.

Mae f'angen ar fy heniaith,
wyf iddi'n nwyf, iddi'n waith;
a finnau, wyf fy hunan
a'r iaith i'm llinach yn rhan.
Hen oes sy i'r berthynas hon; —
heb ei gilydd, heb galon.

Tudur Hallam

YSTYRIWCH TRAFODWCH

- Ar ôl darllen y cywydd a'r englyn o waith Dic Jones, ceisiwch benderfynu beth yw agwedd y bardd at y Gymraeg a Chymreictod.

- Beth yw arwyddocâd y teitl '**Tân Llywelyn**'?

- Ydych chi'n cytuno â'r bardd mai mater o agwedd ac ewyllys sy'n gwahanu Cymru a Lloegr yn hytrach nag unrhyw ffin ddaearyddol?

- Yn y tri englyn a'r cywydd teyrnged i'w dadcu, ymhyfryda Tudur Hallam yn y ffaith ei fod yn medru'r Gymraeg: rhodd a drosglwyddwyd iddo gan ei dadcu.

- Trafodwch ysytyr y linell 'Heb ei gilydd, heb galon.'

2. Ieuenctid

YSTYRIWCH TRAFODWCH

- Ydych chi'n ymwybodol bod yna fwlch rhyngoch chi a'r genhedlaeth o'ch blaen chi?

- Ydy'r ddwy gerdd gan y bardd ifanc Tudur Hallam yn dangos bod yna ryw gymaint o ragfarn ar ei ran ef pan yw'n ymwneud â phobl sy'n hŷn nag ef?

- Pa un o'r cerddi o'i waith yr ydych chi'n ei hoffi orau?

- Ydy'r cerddi yn eich atgoffa chithau o sefyllfaoedd tebyg yn eich bywyd chi?

- Beth yw eich barn am y ffordd y mae Dic Jones yn trin yr un thema yn y gerdd '**Dwy Awen**'?

y gerdd

Mae Mam yn dweud

Mae Mam yn dweud a dweud a dweud o hyd
fy mod i'n sgwennu cerddi sy'n rhy drist,
yn dweud a dweud a dweud na wnaf ddim byd
ond sôn am Gymru, iaith ac Iesu Grist.
A methu profi gwefr gwreiddioldeb mae
a'm cerddi mor ddi-gic â galar sych,
yn llawn o ystrydebau prudd am wae
a'm mydrau oll yn drist, dim un yn wych.
Ac felly gyda'r gerdd hon, *slap my thigh*,
safaf fel pyrc heb yr un thema brudd,
parablaf fel bardd cyfoes, *I'm on high*,
ac er mai soned yw, mae'r seiniau'n rhydd.
Yn awr o'i hodli'n llon, o'i chreu, o'i gwneud,
fe dawaf Mam rhag dweud a dweud a dweud.

Tudur Hallam

Pwt o Athroniaeth

Uchaf brig llwyddiant,
trymaf cwymp methiant.

Chwarae pŵl,
ac nid ffŵl
difeddwl
a charbwl
lwybrodd i'm herbyn.

Na, nid ffŵl,
ond llanc cŵl
â'i feddwl
yn fanwl
lwybrodd i'm herbyn.

Cawr:
fe'i curais.

Wiii! Ia hŵ!

Chwarae pŵl,
ac am ffŵl
difeddwl
a charbwl
lwybrodd i'm herbyn.

Gwreigan bŵl,
gyda'i phŵl
a'i meddwl
yn feddw
lwybrodd i'm herbyn.

Corres:
fe'm curodd.

Bwmff! Aw!

Tudur Hallam

y gerdd

y gerdd

Dwy Awen

Mae mab nad wy'n ei nabod
I'm haelwyd i wedi dod.
Mae ei lais deunaw mlwydd
A'i eiriau yn gyfarwydd,
Ei olwg fel y teulu
A'i wedd a'i dei o'r ddau du.
Cnwd o had ein cnawd ydy
Eithr i ni dieithryn yw.

Y gân sy'n ein gwahanu,
A'r gitâr sy'n rhwygo'r tŷ.
Y canu pop yw popeth,
Byddaru pawb iddo yw'r peth
Ers tro, mewn idiom na all
Dyn na dewin ei deall.

Ei gân nid da gen i —
Ni ry' gordd fawr o gerddi —
Diraen fydru anfedrus,
Awen bardd rheffyn pen bys.
Nid yr un ydyw'r heniaith
Na'i cherddi na'i chwerthin
          chwaith.

Ond onid yw dawn ei daid
  i ynganu ing enaid
Ynddo ef yn rym hefyd,
Yn ddileit a ddeil o hyd?
Onid llais di-hid y llanc
Yw tafod y to ifanc?
Onid ef yw oesol dôn
Gofidiau ei gyfoedion,
A bardd mawl eu byrddau medd,
A'u hirfelyn orfoledd?

Y gerdd sydd yn ei gorddi,
  Ei fywyd ef ydyw hi.
Yr un yw'r reddf a'r hen raid
  Sy'n annos yn ei enaid
Stiff iawn yw fy stwff innau
  Iddo ef, y mae'n ddi-au.
Rhyw alaw dlawd a di-liw,
  Anaddas i ni heddiw,
Heb na bît buan na bas,
  Na berw diembaras.
Hytrach yn geriatrig
A rhy sgwâr wrth gwrs i gíg.
Hen reffynnau'r gorffennol
Sy'n dal ein hardal yn ôl.

Dwy awen nad yw'n deall
Y naill un felystra'r llall.

Digon tebyg fu gwasgâu
Y taid gynt â'i gyw yntau.
Difenwai nhad f'awen i
Ac a'i rhwygai a'i rhegi.
Beth oedd rhygnu'r mydru mau
Wrth ragoriaeth rhyw gorau
Neu ymhel â chŵn hela,
Neu hwyl â phêl wrth sol-ffa?

Pawb a'i gryman amdani
'N hanes pawb sy' pia hi.

Y cnwd gwallt, caned ei gerdd
Yn ei iengoed a'i angerdd,
Fe ddaw y taw ar gitâr
Y gwanwyn yn rhy gynnar.

Dic Jones

Hwnnw

Y cargo hwnnw, nid oedd ganddo
Ddim hyd yn oed un C.S.E.,
Ac at hynny — ym marn ei rhieni —
Nid oedd yr olwg a oedd arno
Yn un i wneud unrhyw iawn am ei
Arteithiol dwpdra.

Yr oedd o'n draed i gyd
Mewn hen esgidiau armi
Liw caci.
Syllai ei bennau-gliniau pyglyd
Trwy rwygiadau yn ei hynafol jîns.
Yr oedd ei siaced frwydr
Wedi bod ar grwydr
Hirfaith trwy amrywiol fathau
O hen saim a hen chwys
Cyn gorffwys am ei gorpws.

Astudiai yn syn — ei rhieni — y stydiedig
Goler ci addurnedig a bras
A amgaeai, fel simnai,
Barddu oedrannus ei weddw.
O fan'no i fyny
Codai gwrych gwyrdd o wallt
Hyd ganol croen anffansiol ei ben,
Edrychai, ar y gorau,
Meddai ei thad adfydus,
Fel parrot anneallus.
'Doedd o ddim, meddai ei mam,
Y math o beth y byddai neb
Yn dymuno ei weled ar ei garped.

Ond iddi hi, y ferch,
Trawsnewidiai angerdd serch
Yr esgymunedig un
Yn fendigedig.
Iddi hi
Ireidd-der ei wryweidd-dra
A lanwai ei bryd.
O'i fudreddi carpiog dyrchafai
Y parrot racs, trwy ei theimlad hi,
Yn ffenics trawsffurfiedig
A thrôi lwydni ei bywyd cyfforddus a boring
Yn lliwiau llewychedig
Fel y cnodiai trwyddi hyd at ffrydiau serch.

Gwyn, fe dybiai hi — y ferch —
Oedd ei byd;
Ac, am ryw hyd,
Fe fu hyn iddi hi yn ddigon.

Gwyn Thomas

- Trafodwch sut mae agwedd y ferch at y bachgen yn gwbl wahanol i agwedd pawb arall tuag ato.

- Ydy cariad yn eich gwneud yn gwbl ddall i ffaeleddau person? Beth yw eich barn?

y gerdd

Sws

Mae gennyf, mae gennyf gâr,
ac imi mae'n ddigymar
wrth fynnu hwyl, wrth fwynhau
awch a swyn ei chusanau:
nid oes merch fwy dwys ei min
na gwefr fel ei gwefr gyfrin.

Mae gennyf, mae gennyf gâr,
ac imi mae'n ddigymar
yn ei dawn wrth inni'n dau
gyfosod ein gwefusau:
nid oes merch fwy dwys ei min
na gwefr fel ei gwefr gyfrin.

Mae gennyf, mae gennyf gâr,
ac imi mae'n ddigymar
wrth ryddhau cusanau serch
ger rhyw lyn, ger rhyw lannerch:
nid oes merch fwy dwys ei min
na gwefr fel ei gwefr gyfrin.

Sws ar ôl sws mae'n dwysáu
hen swyn newydd gusanau.

Tudur Hallam

Cyfaill

Mae fy ngobeithion yn rhan ohonot,
Mae fy nioddef a'm hofnau'n eiddot,
Yn d'oriau euraid, fy malchder erot,
Yn d'oriau isel, fy ngwedi drosot,
Mae'n well byd y man lle bôt, - mae deunydd
Fy holl lawenydd, fy nghyfaill, ynot.

Dic Jones

Cyfaill

Nid oes dig na chenfigen
na chwant na soriant na sen
na chablawd na gwawd na gwarth
is sŵn cyfaill sy'n cyfarth.

Tudur Hallam

Cusanau

Fe erys blys gwefusau - i fwynhau
  Cyfnewid cusanau
  Rhag i gellwair ffôl eiriau
  Dwyllo ac andwyo dau.

Tudur Hallam

'Yn eisiau, gwraig'

Rwy' am gymar fyddar, fud, - wen, fwyn, ddoeth,
  Fain, ddethe, hardd, ddiwyd.
  Os ca'i un yn brês i gyd
  Mi af â'i mam hi hefyd.

Dic Jones

Hyn o Fyd

Ti, Hyn o Fyd, tiroedd, moroedd,
O! dyro im f'anwylyd wen;
dwg yn iach y byd a feddaf, ac a fynnaf,
ond dyro im f'anwylyd wen.

Gwaed fy nghalon, pwyll fy meddwl,
nwyf fy ysbryd, clyw, Amen,
dwg y cyfan hyn a feddaf, ac a fynnaf,
ond dyro im f'anwylyd wen.

Hebddi, Hyn o Fyd, ni fyddi
eto'n gwmwl uwch fy mhen,
felly gyda'r glaw a feddi, ac a fynni,
O! dyro im f'anwylyd wen.

Tudur Hallam

Rhieingerdd

Nid oes ond ti, fy Nia hardd,
fy nghâr, nid oes ond ti
a ddeall rith feddyliau'r bardd
a fedd fy nghalon i.

Tu hwnt i glych fy chwerthin croch,
ti ferch, fe glywi'n gudd,
fy ysbryd claf fel unig gloch
yn murmur alaw brudd.

Pan fyddo'r hwyr yn crogi'r cwm
a'r nos am yddfau'r gwŷr,
o'th gofio, ferch, ac yntau'n llwm,
rhyddheir dy gâr o'i gur.

Na ad im fyth, fy Nia fwyn,
ddwyn loes i'th galon di,
yn hytrach gad i'r gerdd hon ddwyn
fy nghariad atat ti.

Tudur Hallam

YSTYRIWCH TRAFODWCH

- Dangoswch sut y mae agwedd y bardd ifanc at serch yn wahanol i agwedd Dic Jones yn yr englyn **'Yn eisiau gwraig'**.

- Beth am eu hagwedd yn y ddau ddarn **'Cyfaill'**?

Yr Asgellwr

Ers oes pys, mae'n aros pêl
a'i garnau am y gornel
yn ysu, i droi'r glaswellt
yn Le Mans, yn wely mellt,
ond newynu'r dyn unig
y mae'r bois. Mae'n gêm mor bîg,
yn gic a chic uwch o hyd,
yn ddifäol, ddifywyd.

Pam anghofio'r dwylo da,
y pyliau pili-pala,
y rhedeg tri-ffês trydan
a'r ddawn gweld drwy ddynion gwan?

Hanner gêm heb unrhyw gais
- yr esgid nid y trosgais
piau hi. Yna, daw pêl ...
daw agor â phas diogel
a daw o law i law'n lân
i'r dde, nes cyrraedd Ieuan.

Ionawr wynt a'i gyrr yntau -
mae'n troi'i ddyn, yn mynd trwy ddau,
y buan gob yn ei geirch
a'i draed o a dyrr dyweirch.
Hwylio y mae drwy le main
yn feiddgar, yn fodfeddgain
ac mae'r dyrfa gân, yn gôr
i rwygo un gêr rhagor
o'i gluniau a gweu'i linell
drwy bawb, fel rhaeadr o bell.

Mae'n rhydd! Un am un yw'r ras
a ddihuna'r holl ddinas,
ysgwydd wrth ysgwydd 'wasgant,
garddwrn wrth arddwrn yr ânt.
Daw milgi Llanelli'n nes,
mae'i wyneb lawn stêm mynwes,
mae'i holl einioes am groesi
a myn diawl, mae'n mynd â hi!
Mae'n creu lle, mae'n curo'r llall,
yn seren ar gais arall.

Wyt, Ieuan, eog Tywi,
wyt y llam yng ngwyllt ei lli,
ein un boi o safon byd,
ein Boeing peryg' bywyd,
ein dingo, torpido pell
a'n llwynog ger y llinell.
Wyt sosban, wyt dân mewn tas,
wyt daran ar y teras,
wfftiwr pob taclwr wyt ti,
wyt risêt Inter-siti.

Ei ochr-gam ni cheir ei gwell:
yn groesgoes ger ei asgell
gedy'i ddyn o wylio'i war,
Yr un bae sy'n ddwrn bocsar,
sy'n dwyn canllath o lathen,
y milain ŵr am lein wen.

Tyrd, ysgarlad y Strade,
rho dy ddawn, Goncord y dde;
chwithau, ei dimau, rhowch dân
yn ei law - rhowch bêl i Ieuan.

Myrddin ap Dafydd

Ryan Giggs

Yn sŵn y ffans yn y ffydd
Ym Man. U. mae un newydd
I'w addoli'n ddiflino
A chanu i'w allu o.
Ac yn llawnder y teras,
Ym merw'r hwyl mae rhyw ias
Newydd i bawb yn ddi-ball:
Y stori fod Best arall.

Ym mron y dorf mae'r hen dôn
Yn canu dros Fanceinion,
Ac afiaith tyrfa gyfan
Yn seinio 'Giggs' yn y gân.
Wrth chwarae'i gae tua'r gôl
Y mae'n ddof, y mae'n ddiafol;
A wêl wyrth ei sgiliau o,
A wêl drydan pêldroedio.

Un â'r ddawn mewn unarddeg,
A'r direidi i redeg
Gan wibio heibio o hyd
Yn ddewin uwch pêl ddiwyd,
Yna'i hesgyn o'r asgell
Draw i'r bocs fel neidar bell,
A phen pob amddiffynnydd
Er eu dawn yn colli'r dydd.

Agor bwlch a ffugio'r bas,
Yn beiriant creu embaras,
Yn igam-ogam ei ôl.
Yn freuddwyd, yn wefreiddiol,
Mewn eiliad mae'n anelu
Ei siot, a'r gôlgeidwad sy'
Ar ei liniau'n ddagreuol
Wrth fynd drachefn i gefn gôl.

Mae ein holl wefr mewn un llanc,
Y diofid o ifanc,
Ond a fu hyd ei fywyd
Yn goch trwy'i wythiennau i gyd.
I'r chwaraewr, ei fwriad
Yw byw i'w glwb ac i'w wlad,
A rhoi'i hun yn arweinydd
I sŵn ei ffans yn y ffydd.

Tudur Dylan Jones

Talcen Chwys

Mae ei ddoe eilwaith yn fy meddyliau
a newydd heddiw yw ei hen ddyddiau:
fel un yn ailddarllen tudalennau,
chwiliaf, mesuraf lyfr ei amserau,
rhag im yn ddifater gau, heb un cof,
gaead o angof uwch gwaed ei angau.

Fe'i gwelaf mor hardd rhwng blodau'n garddio;
mae yno'n un taer, - mynnai anturio;
yno a'r gwanwyn wrthi'n bargeinio
a'r haf a'i arlwy yn ei wobrwyo:
ond â natur, dyn eto â hydref
ei ddioddef wêl aeaf ei ddyddio.

Nid âi heb anorac pan âi i waco;-
ei methu oedd, bu'n gydymaith iddo,
a minnau, ie, minnau, cawn ymuno
â hwy i gerdded; - newid o'r garddio:
dal swyn ardal, dal dwylo, fi ac ef,
a gyrru adref wedi hir grwydro.

Buom ni'n dau am oriau'n mwyara
a braidd yn anonest wrth loddesta.
Onid mewn bowlen ac nid mewn bola
deisyfai, gorchmynnai Mam ein manna?
Yn ddiau, gwyddai'n reit dda na phigem,
na thrafaeliem heb ei gwrthryfela.

Ar y lawnt câi ddynwared cricedwr;-
nid taro'r un bêl, ond trwyn y bowliwr:
yma'n ei het fe welwn athletwr,
ac yma deuwn at gomedïwr,
a hwn ei hun, yn hen ŵr, talcen chwys,
hwn nawr a erys imi'n wir arwr.

Tudur Hallam

Yr Anturwr

(R. Gwynn Davies, Waun-fawr)

Os oes i hil arwyr sydd
yn wahanol eu deunydd,
yn fwy na'n holl ofynion,
yn brawf o'r anfeidrol bron,
os ydynt amhrisiadwy,
yn Waun-fawr mae un sy'n fwy.

Ti yw hwnnw, wyt einioes
'wna i rai am bedair oes,
yn waed na yr fynd yn hŷn,
ein gŵyl o unigolyn:
cymedrol fel dy volvo
ond yn mynd fel deinamô.

Yn frawd iach neu'n chwifiwr dwrn
ti yw hwyliau y Talwrn;
haul a storm, wyt lais y dydd;
wyt awen all droi'r tywydd,
wyt gytgan sy'n taranu
ac wyt wên fel talcen t.

Hyder wyt wrth dendio'r had
ym mhriddell dy ymroddiad:
wyt beiriant a tho'r Antur,
wyt ddoniau dau, wyt ddyn dur,
wyt y sawl parotaf sydd
a hael nes codi c'wilydd.

Annigonol yw moli,
dyled yw'n teyrnged i ti;
ni chei aur nag arian 'chwaith,
gennym ni chei ond gweniaith,
ond codwn ein het eto -
wyt, Gwynn, yn goblyn o go!

Meirion MacIntyre Huws

YSTYRIWCH TRAFODWCH

- Pa nodweddion ym mhersonoliaeth yr arwyr sy'n amlwg yn y cerddi?

- Pe baech chi am gyfansoddi cerdd i'ch arwr/arwres, pwy fyddech chi'n ei ddewis/dewis?

3. Bywyd Cyfoes

Conc-ord

Concord, o fetel ac eto, rywsut,
Y mae hi'n aderyn, yn farcud
Neu'n eryr: o leiaf o hil ysglyfaethus.
Gan ddrachtiau egr yr awyr
A sugnau ysgethrin y gwynt.

O Lundain hi a lymha
Yn bigfain trwy'r gwagleoedd
Dair mil o filltiroedd
I Efrog Newydd, America,
Mewn tua tair awr.
Yna dychwela, yn ddi-ball,
Mewn tair awr arall.

Delwedd wedi ymgnawdoli yw,
Aderyn o'r dychymyg ydyw
A droes yn ddur a phlastig rhyfeddol:
Mae'n ffrwyth athrylith oes dechnolegol.

Ond ar ôl
Rhoi stop, bron, ar rod y byd
A datroi amser, bron, trwy symud
Gan ellynu'r pellterau
A ffrydio'n loyw hyd y ffurfafen
A chorddi tiroedd a moroedd yn felodïau
 o liwiau
Wrth wibio tair mil - tair mil! - o filltiroedd
Mewn tair awr, Ow! Ow!
I fynd mewn car o Heathrow i Slough
Yn nhraffig triog tew y prynhawn
Mae hi'n cymryd awr a hanner hir
I lusgo ugain milltir.

Gwyn Thomas

Citroën CX (Super)

Gweld ei rym glas yn teyrnasu
Yn gorffolaeth gre, yn arglwyddiaethu
Yn ffenest fawr garej fawr, felly
Y bu imi gymryd yn fy mhen
I ystyried Citroën.

Voiture. Bien sûr!

"Sbïwch, steddwch yn'o fo
Ac os ydych chi eisio,
Wel, y peth hawsa'n y byd
Fydd ichi fynd â fo
Am dro bach i'w drio."

Unwaith yr eisteddais ynddo
Dechreuodd y car fy hudo
Ac, yn wir, heb droi arnodd un radio,
Mi glywais lais - Brigitte Bardot -
Yn murmur geiriau carwriaethol
I rwydo gŵr yn annihangol.

Chwimio nid yw iddo'n her;
Diloetran yw'r dwy liter.
Ni fu'r un car ym Monte Carlo
'Rioed fel hwn am solat-wibio,
A gwneud hynny mor gyfforddus,
Mor anorchestgar orfoleddus.

Ger Nantlleu, ym Modurdy Dulyn,
Dyna 'wnes i - canu englyn:

"Car gallt, car goriwaered,
Mirain modur, o'i weled
Oni ddywedaf fi au
Daw yntau'n siŵr i 'ngarej."

Ac felly y terfyna'r gainc
Hon am gerbyd crand o Ffrainc.

Gwyn Thomas

Realiti

1.
Yn estron
camais dros ffin
eu tai cyngor:

camais o fyd i
fyd arall,
i'r cicio a'r rhegi
i ddosbarthu pamffledi
cenhadol
eironig o greulon:

"Ere ya, I'll
give 'em that one
in case dog attacks ya like.'

Bocsys
Cŵn,
Plant bach noeth yn rhedeg,
Hen welyau mewn gerddi:

'D'ya live round ere?'

Dduw mawr, sut gallwn i?

2.
Ffenestri mawr
wedi eu cynllunio
i adrodd hanesion,
a thrwyddynt gwelwn bopeth -
heb eisiau:

Hen ŵr â chrwmp
yn syllu,
fel twpsyn mewn ysgol,
ar ei danc pysgod:

Mam fudr yn lloerig weiddi
ar fychan penfelyn
a hwnnw'n diwyd ladd
cath drws nesa:

Merch
ddwy-ar-bymtheg
feichiog
yn eistedd ar gadair unfraich
gan rythu drwy deledu:

'Ya better come in -
if ya religious folk.'

Finnau'n ormod
o gachgi
i weld y realiti o fewn
y ffenestri mawr.

3.
Â'i byth yno eto -
dim ond pasio
y bocsys bach melyn
ar ochr y briffordd:

dim ond pasio,
fel pawb arall,
y diflastod a'r digalondid
y caledi a'r casineb
sy'n tywyllu'r cysgodion
ym Mhlas Madoc.

Alun Llwyd

y gerdd

Y Deml

BING-BONG,

"Mr Ashton to groceries please."
Rwy'n hwylio,
yn hofran
heb gyffwrdd y llawr llyfn, oer, newydd ei fopio.
Llithra fy nghydymaith mudan ar y daith
yn ddiffwdan grancaidd o'm blaen.
Olwynion yn gwichian yn yr ale.
Paratowch ffordd y siopwr.
Yma, yn y deml
mae litanïau Billy Joel a Stevie Wonder
yn hongian ar gerrynt y peiriannau awyr -
dim ond galw i ddweud fy mod yn dy garu,
merch pen-dref -
yn cannu fy enaid lluddedig, llwyd,
sythu fy osgo crwm, smwddio fy mhlygion blin
a thynnu llwch y llygredd o'm hysgwyddau fel
dandryff.

Mae'r golau'n wahanol hyd yn oed yma,
yn fwy llachar, mwy glân, mwy sanctaidd.
Yn y ffug-olau daw'r broffwydoliaeth yn wir:
gall y dwylo sy'n golchi llestri deimlo mor feddal â
phen-ôl
babi bach
i'r dyn nad yw'n gorfod trio'n rhy galed,
unrhyw amser, unrhyw fan, unrhyw le.
Yn y pacedi gloyw, tryloyw mae addewid
am wlad sy' well,
wrth lenwi fy llogell mae pwysau f'euogrwydd yn
lleihau.
Daw maddeuant llwyr am bechodau di-rif
o gyffresgell y silffoedd.

Fel iâr-fach-yr-haf siomedig,
cripiaf allan o'm cocŵn
i'r byd go-iawn, oer, digrefydd.

Elinor Wyn Reynolds

Llun: Keith Morris

Anghyfrifol

YSGOL: arwydd
I ddynodi agosrwydd
Sefydliad addysgol, a phlant.

Noson fawr, feddw;
Dau lanc, ar ôl cwrw,
Yn troi yr arwydd hwnnw.

Y bore wedyn,
Mewn car, dieithryn
Yn dod heibio'r fan.

Yn ddiwybod dynesodd
At yr ysgol: prin y gwelodd
Fachgennyn.

Yn ddifeddwl rhedodd
Hwnnw i'r ffordd: slamiodd
Y car ei gorff gwyn.

Gwaed; gwaed yn denau,
Yn edau goch o'i enau
Wrth iddo farw.

Neb yn euog, neb ar fai,
Fel yr ymddangosai,
Am y difa hwnnw.

Ond y mae euogrwydd chwerw
Dau lanc yn eu cwrw -
Heb iddyn nhw deimlo dim ohono -
Yn dal yn amdo du dros y marw.

Gwyn Thomas

Y Ffatri'n Cau

Y ffatri'n cau, ac yntau'n hanner cant,
A theimlad o ddifodiant yn dod, fel parddu'n disgyn,
Yn dwllwch am ei galon,
A'r dyfodol yn rhoi clep yn ei wyneb.

Dyfodol a dôl mewn ardal dlawd:
Y mab yn penderfynu mynd i'r fyddin;
Y ferch yn chwilio am rywbeth yn Birmingham,
Lle mae ganddo yntau chwaer.

Tai ar werth, siopau'n cau
Ac yn mynd rhwng y cŵn a'r brain a'r llafnau yna
Nad oes ganddyn nhw bleser mewn dim
Ond mewn hel tafarnau a dinistrio a malu.
Ffenestri'r capel, hyd yn oed, wedi eu pledu
A rhywrai wedi bod yno'n peintio, ar y waliau,
PUNKS RULE O.K. a rhegfeydd.

Ac ar y teledydd bob dydd -
Rhwng breuddwydion tjioclet -
Lluniau o ladd, plant bach yn llwgu,
Pobol filain yn sgyrnygu.

A hen deimlad yn crynhoi ynddo yntau,
Fel pry cop yn symud ar ei war,
Fod y sioe i gyd yn mynd yn racs.

Gwyn Thomas

YSTYRIWCH TRAFODWCH

Ar ôl darllen y cerddi **'Realiti'**; **'Y Deml'**; **'Anghyfrifol'** a **'Y Ffatri'n Cau'** trafodwch agwedd y beirdd tuag at fywyd cyfoes. Ydy'r cerddi hyn yn adlewyrchiad cywir o'r gymdeithas ar hyn o bryd? Beth yw eich barn?

2020

(Cân pobol y Saith a'r Wythdegau.)

Dyma hi'n Ddwy Fil Dau Ddeg,
Mae'n waddod yr amserau;
Nid oes modd i ni, heb reg,
Fynegi ein teimladau.

Pa fodd yr aeth dan draed y byd
'Sgyfala a'n difyrrai
A dyfod moes a chrefydd lwyd
I lethu ein heneidiau!
Mae'r Neuadd Fingo wedi ei throi
Yn gapel i addoli,
Mae dwys dduwiolwyr yn crynhoi
Lle buom ni'n cyboli.

Y garej lle caem drin y car
Yn gywrain fecanyddol
Diolew yw; edrychwn ar
Ei glendid gwyn, ysbrydol.

Mae'r Calfaria a fu'n glwb
I genod noethlymuno
Yn awr yn seintwar i roi hwb
I weddaidd rai gymuno.

A lle bu uchel yfed bir,
Sgwrs felys, chwdu a chwffio
Y mae rheng wynebau hir
Eneidiau wedi eu startjio.

Galarwn golli'r dyddiau gynt,
Yr hwyl di-hid a'r rafio
Cyn dyfod yma'r dwyfol wynt
Sy'n dychryn a diwygio.

Gwyn Thomas

4. Rhyfel

YSTYRIWCH TRAFODWCH

- Terfysgaeth yw'r pwnc sy'n cael ei drafod gan Gwyn Thomas mewn sawl cerdd o'i eiddo.

- Darllenwch y gerdd **'Llaw ar y Palmant'** i ddechrau a cheisiwch benderfynu sut y mae'r bardd yn ymateb i'r sefyllfa.

- Trowch at y ddwy gerdd nesaf, **Llongyfarch** a **Dowch i Belfast**, lle mae'r pwnc yn cael ei drin mewn ffordd mwy dychanol, un ar batrwm cerdyn llongyfarch, a'r llall ar batrwm hysbyseb gwyliau.

- Beth yw eich barn chi am y defnydd o gimig fel hyn mewn cerdd?

- Pa un o'r tair cerdd sydd fwyaf effeithiol?

- Ydy'r profiad tu ôl i'r gerdd **'Er Cof Am Kelly'**, wedi gwneud argraff fawr ar y bardd.

Rhowch Cynnig Arni

Cyflwynwch y cerddi ar batrwm Bwletin Newyddion i weddill y dosbarth.

Llaw ar y palmant

Llaw ar y palmant.
Braw a gwaed, darn o gig,
Gweiddi: llaw,
Llaw ar y palmant.

Yr oedd, yn y ddinas, bobol
Yn siopa, yn siarad, yn symud
Mewn byd sâff. Mewn byd
Oedd wedi ei ddiffinio'n
Strydoedd, tai, siopau,
Ceir, bysus, dynion:
Cyfarwydd bethau.

Clec; adar yn codi,
Sŵn gwydyr yn malu,
Sŵn concrit yn torri,
Sŵn metel yn hollti,
Sŵn dynion yn marw;
A llwch, oglau llosgi, a gwaed.
Un ennyd o newid
A'r byd yn mynd yn lle
Y gellid ynddo ganfod llaw,
Llaw ar y palmant.

Rhywun, am reswm da mae'n debyg -
Un o'r ideolegau gwiw,
Cydraddoldeb, brawdgarwch, rhyddid -
Wedi malu bywyd
Yn stolpiau gwaedlyd a braw,
Yn gigyddiaeth lidiog a gweddi,
Ac yn llaw, llaw ar y palmant.

Gwyn Thomas

Gorffennol Amhersonol	**LLADDWYD**	**Gorffennol Amhersonol**
LL O S G W Y D	**DIFAWYD**	**LL O S G W Y D**
B L A S T I W Y D	*Cyfarchion* Llongyfarchiadau, Llwyddo. Lladdwyd deuddeg: Llosgwyd yn gols du Ddau o ddynion: Maluriwyd deg person arall - Y mae darnau ohonynt Dros hanner canllath o'r stryd Yn cael eu codi i fagiau plastig: Blastiwyd ymaith goes merch ugain oed - A hynny, fel yr oedd hi'n digwydd, Ddeuddydd cyn ei phriodas; Collodd un plentyn ei lygad; Llosgwyd braich baban yn gig noeth. Difawyd, hefyd, dri o dai, Dwy siop, a deg cerbyd. Ymlaen â ni, ymlaen eto. Llwyddo. Llongyfarchiadau. **Gwyn Thomas**	**B L A S T I W Y D**
	LLADDWYD	
Gorffennol Amhersonol	**DIFAWYD**	**Gorffennol Amhersonol**

Dowch i Belffast

Dowch i Belffast.
Taith i chi,
Taith i'r teulu.
Bargen, bargen.

Dowch i Belffast.
Dowch yma i rai o'n strydoedd
I weld adfeilion ein casineb crefyddol;
Bydd digon o gyfle i chwi eu harchwilio
Wrth eich pwysau'n braf, hamddenol.

Dowch i Belffast.
Dowch yma i weld moduron racs
A'u meteloedd yn glymau;
Dowch i weld llafrïau ffrwydredig
Ein sêl gysegredig.

Dowch i Belffast.
Dowch i ymweld â'n carcharau,
Dowch i weld y tu ôl i farrau
Olion ein dialedd duwiol.

Dowch i Belffast.
Dowch yma i ymweld â'n hysbytai,
I edmygu medr ein meddygon
I bwytho ein hynfydrwydd gwladgaraidd
Ac i asio esgyrn
Ein cynhennau sanctaidd.

Dowch i Belffast.
Dowch yma ac fe welwch, yn ddiau,
Angladd du neu ddau,
Canlyniadau llid Catholig
Neu gyflafan Brotestannaidd.

Dowch i Belffast.
Dowch draw, dowch draw
Wyddoch chi ddim - a dyma ichi wa'dd -
Efallai y gwelwch chi
Rywun ohonom ni'n cael ei ladd.

Dowch i Belffast.
Belffast, Belffast
Am wyliau anangofiadwy
I chi ac i'ch teulu.
Ple bynnag y b'och
Dowch, da chi,
Yma, yma atom ni
I'r Ynys Goch.

Gwyn Thomas

Er cof am Kelly

(Sgwennwyd ym Melffast)

Geneth naw mlwydd oed
ar gymwynas daith
peint o laeth gwyn
i gymydog.
Trwy gyrrau'r ffenest
gwyliodd ei mam,
ei gweld yn cerdded
a chwympo;
bwled wedi'i bwrw.
gwydr fel ei chnawd yn deilchion.

Panig wedi'r poen.
'My God, it's only a little girl,'
meddai'r glas filwr.
Moesymgrymodd.
Meidrolodd,
ei mwytho yn ei gledrau.

'Get your dirty hands off,'
medd cymydog mewn cynddaredd.
Y fam yn ymbil
am ei gymorth cyntaf - olaf.

Gwisgodd amdani ei ffrog ben-blwydd,
dodi losin yn ei harch,
y tedi budr a anwesodd o'i chrud,
ac aeth ar elor
angau ei noson hwyraf allan.

Menna Elfyn

Cysgodion

Na, ni welsom ni ddyddiau y ddau Ryfel Byd.
Fe'n ganed pan gliriai'r llwch
Oddi ar olion y lladd a'r llosgi.
Ni fu achos i'n lleisiau ni gracio
Wrth erfyn am "fara beunyddiol,"
Ac ni ddiflannodd rhai annwyl inni
Heb inni wybod yr amser a'r amgylchiadau
Yn fanwl.
   Etifeddion yr oes feddal,
A'n byd yn ... weddol wyn,
Ond efallai y daw arlliw o euogrwydd weithiau,
Yn sgîl ambell 'sgytwad front
O weld neu glywed rhannau o'r hyn a fu
Yn y dyddiau duon,
Darnau sy'n serio i'n hymwybyddiaeth
Brofiadau rhy ddieithr i ni eu hamgyffred.
   Y wraig honno, gynt, ym Melsen,
Â'i phwyll yn gareiau yn y llanast o'i chwmpas
Yn mynnu magu ar atgof o fraich, ei phlentyn
Marw.
   Y corff hwnnw'n hongian mewn camystum digrif
Fel bwgan brain wedi gorffen ei waith
Ar weiren bigog,
A phenglog ddanheddog dan ei helmed ddur.
   Y cannoedd gwydn eu gafael, yn farw gorn,
Eu hasennau fel 'styllod golchi,
A'u boliau'n gafnau gwag,
Gweddillion arswydus y poptai nwy.

   Y rhesi trefnus o groesau gwynion
Mor gythreulig ddistaw o niferus.
Fel na allwn goelio
Fod y fath gyfrif
Yn gorwedd yno,
... Na, ni wyddom ni ddim am y dyddiau hynny,
Dim ond clywed weithiau
Am ryw ddigwyddiadau y tu hwnt i ddeall
Cyn ein hamser ni.
Ond fel y codai'r llwch yn araf
Oddi ar olion y lladd a'r llosgi,
Tybed na chlywsom ninnau dyndra eco rhyw sgrech
Fel yr 'hedai yr hen eryr barus tua'r gorwel,
A chysgod ei aden oer
Yn ein fferru ninnau, am eiliad,
Cyn ymadael.

Nesta Wyn Jones

YSTYRIWCH TRAFODWCH

Mae'n debyg i Nesta Wyn Jones gyfansoddi'r gerdd 'Cysgodion' ar ôl gweld ffilm am yr Ail Ryfel Byd. Beth sy'n gyfrifol am y teimlad o euogrwydd a gaiff y bardd wrth feddwl am y digwyddiadau erchyll yn y gwersyll-garcharau?

5. Creaduriaid

Wrth basio siop gig

*'Who loves this terrible thing called war'.
Probably the meat eaters having killed feel the
need to kill ... the butcher with his bloody
apron incites bloodshed murder ...'*

Isadora Duncan

Mae ôl gwaed ar gownter,
bysedd llawruddiog
yn trafod arennau'n gil bwt;
a iau yn llithrig slebog
ar dafol
yn un annarbodusedd mawr;
golwython o gig coch tywyll
yn arwyddluniau gwrhydri
y sawl a'u pryn,
a chnawd yn crogi
fel staes mam-gu
dros waelod ei gwely,
a'u hymylon yn gochliwus
islaw'r bachyn cam.

Sgertiau o gigach
cig llo,
tyner wedi'r garw drin,
a gwylio'r criw
yn sefyllian i sain cyllell,
a'r awchlymu arteithus
yn digwydd rhwng seindorf
rhewgelloedd saff.

Trof i ffwrdd
a'm stumog yn teimlo'r
chwilgigboer
a ddaw allan o geg peiriant,

a phrynaf letys las
yn wledd i swper.

Menna Elfyn

Pluo Gwyddau

Rhed ffos yn goch gan waed
Drwy'r eira gwyn,
A llwyeidiau o eisin
Ddisgynna
Oddi ar ddail y danadl poethion
Gan sugno'r coch fel spwng
Cyn suddo iddi.
Ffos araf, goch, rhwng cyllyll y brwyn.

Mae drws y gegin gefn ar gau,
A'r eira'n lluwchio i mewn o boptu'r sach
A thrwy dwll y clo
Yn bowdwr mân, byr-hoedlog.
Gwynt eira'n rhuo yn y simdde
A thu ôl i'r popty mawr,
A'r tân yn troelli
Gan lyfu'r huddyg am y crochan.
Cylch o wynebau gwridog
Ar y meinciau garw,
A chylch o ddwylo'n pluo, pluo,
Pluo lluwchfa gynnes ar y llawr,
Gan chwerthin, a thynnu coes, a chwibanu ...
Yn y gornel
Mae cylch o dân glas
Mewn caead tun,
A het bluog yn plygu drosto.
Aroglau methylated, llosgi, gwêr ...
A dwylo mawr
Ewinedd briw
Yn tynnu conion ...

Yn oerfel y bwtri
Mewn papur sidan glân
Mae'r rhes wen ar y bwrdd carreg,
A'u pwysau'n hysbys
Cyn eu gosod
Yn ddefodol
Ar y glorian ...

Y llofft yn dywyll,
A'r eira'n pluo, pluo
Ar wlad dawel.
Dim i'w glywed
Ond sŵn clegar isel
Dau, yn y cwt gwyddau.

Nesta Wyn Jones

YSTYRIWCH TRAFODWCH

- Trafodwch agwedd y ddwy ferch at ladd creaduriaid er mwyn eu cig. Cofiwch bod un yn wraig fferm a'r llall yn llysieuwraig. Yna darllenwch gerdd Gwyn Thomas.

- Pa safbwynt fyddech chi'n ei gymryd? Trafodwch.

y gerdd

Cerdd: Gwyn Thomas
Graffeg: Ruth Jên

YN NATURIOL

Bara haidd difrycheulyd
Wedi'i falu ar gerrig
A haenen ddigolestrol
O oel polyanhydreiddiol,
Dyna oedd dechrau beunyddiol
Ei fywyd o fwyta naturiol.

Ei ginio oedd pysgodyn
Wedi'i stemio, a nionyn
Amrwd, dagreuol a deilen
Tail-wrteithiedig o letusen,
A diod o ddŵr, doed a ddêl,
Heb ei ddifwyno, o botel.

Ei hwyrbryd ydoedd salad —
Tomato, bresych a had
Blodau haul — ac, i ddilyn,
Potel o oren yn bwdin,
A chwpaned o goffi'n
Ddisiwgwr a digaffin.

Ac felly'n haearnaidd y treuliai
'N ddisgybledig ei ddyddiau
Gan obeithio, yn naturiol,
Estyn ei oes tua'n tragwyddol
Nes, yn gwbwl annhymig,
I geffyl gwedd — cyflawn organig —
Lamu anchwistrelledig berth,
Yn y modd mwyaf prydferth,
A glanio'n deg o'r nen
Yn union ar ei ben
Nes ei fod, ar ennyd syfrdan,
Wedi'i wasgu'n farw seitan.

y gerdd

Y GENI

'Roedd pwt o ddraenen ddu
Wedi camgymryd mis
Yn gwthio'n benchwiban
O'r cysgodion
Yn grand yn ei dillad gorau.
   A'r bugail hwnnw
Ar ei gwrcwd oddi tani
A'i ddwy law
Yn goch o waed.
O'i flaen
Yr oen
- A ddaeth i'r byd
Wysg ei gefn -
Yn tisian yn hurt.
   A'r hen ddafad wirion
Yn ei lyfu'n lân.

Nesta Wyn Jones

Oen

Tusw o lonyddwch gwyn,
Gwacter lle bu gweld,
A pharchus dduwch y brain yn ymddisgleirio
Fel y synfyfyriant yn lwth
Uwch gweddillion eu gwledd.
Digrif eu gweld fel rhes o Sarjant-Mejors methedig
Y naill â bwlch yn ei haden,
Y llall gyda hanner coes,
A'u lleisiau'n cracio
Wrth hyrddio yn erbyn mwsteshyn gwlanog.
   Hithau'r ddafad weddw
Yn trotian yr un mor ffyddlon o ben draw'r cae
I lyfu archollion tridiau
Pan ddof heibio ar sgawt,
Heb esmwythyd dagrau
Na'r gallu
I roi bai ar ffawd na pherchennog.
   Ar ôl
I'r briwfwyd suddo i'r gromen fawn
Fe dyf briallu blwyddyn arall,
Fel yr ymwthiodd pabi i'r mwsog melyn
Trwy fframwaith esgyrn
Tebyg.

Nesta Wyn Jones

69

Y mwnci yn y llun

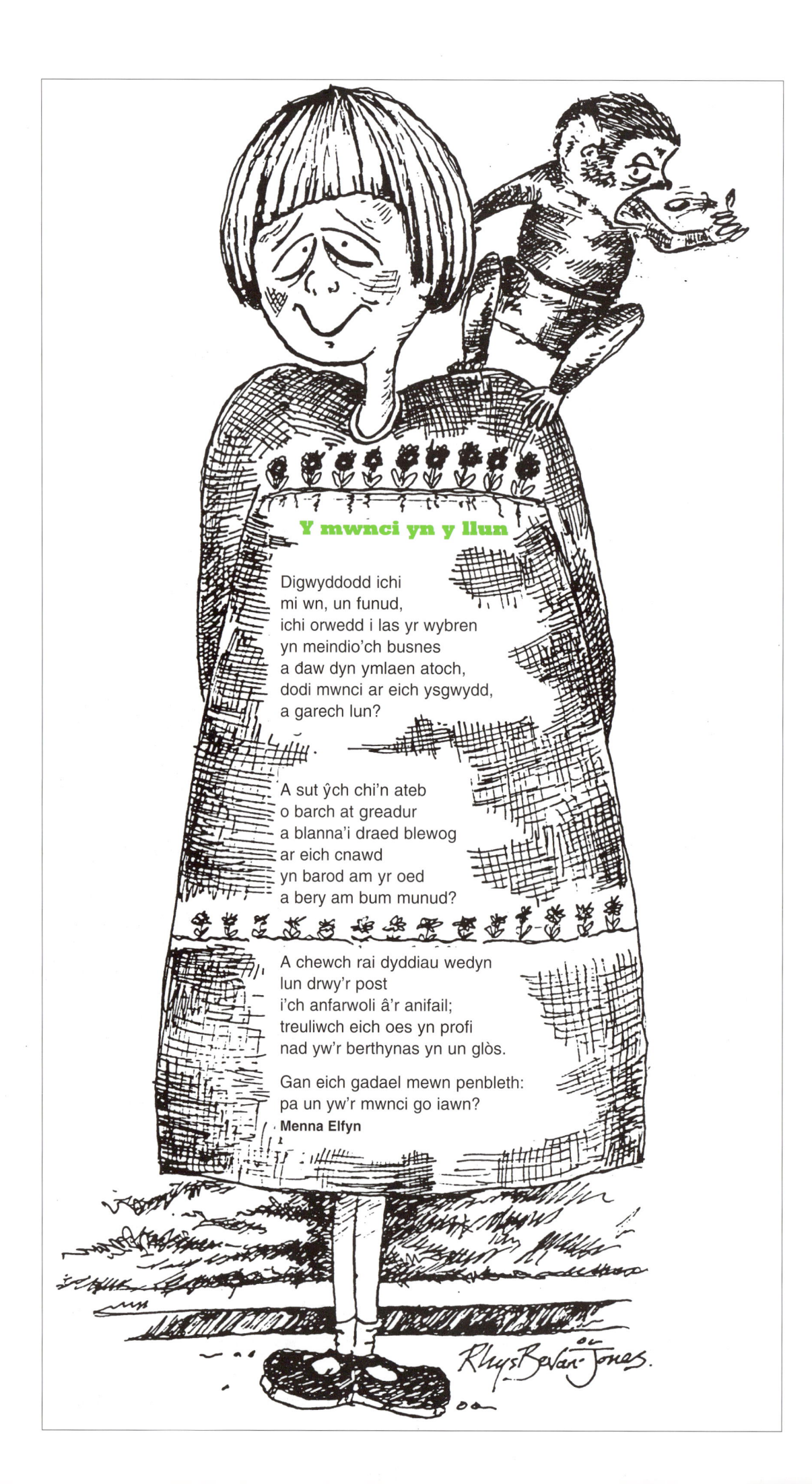

Digwyddodd ichi
mi wn, un funud,
ichi orwedd i las yr wybren
yn meindio'ch busnes
a daw dyn ymlaen atoch,
dodi mwnci ar eich ysgwydd,
a garech lun?

A sut ŷch chi'n ateb
o barch at greadur
a blanna'i draed blewog
ar eich cnawd
yn barod am yr oed
a bery am bum munud?

A chewch rai dyddiau wedyn
lun drwy'r post
i'ch anfarwoli â'r anifail;
treuliwch eich oes yn profi
nad yw'r berthynas yn un glòs.

Gan eich gadael mewn penbleth:
pa un yw'r mwnci go iawn?

Menna Elfyn

y gerdd

Blwyddyn genedlaethol i'r ystlum, 1986

Rhwng gaeafwst a haf,
     y digwyddodd
trwst y tresmaswyr,
cychwynnodd gyda chnoc
     ar ddrws y tŷ,
gwraig y t gwyliau - a'n gefelldy,
yn chwilio cymorth - rhag ystlumod.

Câr dy gymydog fel ti dy hun,
     a dyma gael fy hun
yn ei chegin
     yn gwylio ystlum
fel radar, yn rhwydo'r golau,
     a'i hoelion clopa o adenydd
yn pwnio parwydydd,
     ac islaw, hen wraig
yn llechu tu ôl i adenydd eraill
     un ymbarél du, ar agor.

Adar o'r unlliw, ehed ...
     a dyma gamu'n dalog
i ganol y llun, agor ffenestr ar ffrwst,
y weithred seml o ddileu swildod
dau fryd at ei gilydd, am byth.

Pwy a gredodd fod ystlumod yn ddall?
a pha ddisgwyl i famolyn ddeall
     natur tresmasiaith:
ond carwn fod wedi drilio ato,
     'Crogwch yn fy nenfwd i',
Cans crogi peniwaered a wnaf innau
gan storio'r Gymraeg o'r golwg
ac weithiau agorir drws arnaf
a'm drysu, am im fyw
     yn ddiniwed ddi-nod
heb berthyn

Menna Elfyn

Dolffin a Dyn

Gymnast o greadur
a'i wên foddhaus
yn ffrwydro'r dŵr:
cellweiriwr a chlown.

Ac eto, hwn oedd deyrn
yn y môr, heb droi'n dreisiwr:
ei wyneb ysmala breuddwydiol
a grwydrodd, canfod,
a chyrraedd
tu hwnt i'n deall ni.

Dolffin a dyn:
dau ddirgrynwr mawr ymenyddol:
y naill yn ei fyd tryloyw'n dawnsio

a'r llall yn dinistrio'r ddaear.

Menna Elfyn

YSTYRIWCH TRAFODWCH

- Sylwch fel mae'r bardd yn cymharu'r ystlum gyda'i sefyllfa hi fel Cymraes.
- Pam mae Menna Elfyn wedi dewis cymharu dyn a dolffin?
- Eglurwch mewn brawddeg syml ystyr y gerdd '**Y mwnci yn y llun**' gan Menna Elfyn.
- Beth yw eich ymateb i'r ddwy gerdd o eiddo Gwyn Thomas, **'Pws'** a **'Parrot'**.

Pws

A rŵan fe rof dro hyd y llofftydd
I weld a oes un o'r teulu wedi digwydd
Gadael drws agored.
Tybed ...Tybed?

Dôr gilagored. Diddorol. Os gwn i ...
Os gwn i, a ydi hi ... a ydi hi
Yn bosib i rywun â'i phawen
Gael ffordd i roi ei phen ...
Dyna ni! ... i mewn i gael golwg
Fanylach, yn ddistaw bach, heb ennyn gwg
A gweiddi ac - fel y da gwn i -
Yr holl annifyrrwch yna sy'n sicr o ddod
Os digwydd i gath gael ei darganfod.

Ie ... Sgideuau ... Hm ... Dilladau ...
Dim tamaid bach o hadog m'wn,
Dim sleisen o iau.
Atolwg! Sŵn troed.
Sgrialaf yn ddi-oed
I orwedd ar y landing, dro,
Gan smalio cysgu yno.

• • • • • • • • • • • • • • • •

A be sy 'na yn fan'ma?
Ie, piano ydi hon'na.
A sut, yn union, y daw synau
Wrth i'n chwaer i, yma, fyseddu y nodau?
NAID - gerddorol i fyny. Eff Siârp, Ec.
Hen nodiant clywadwy, blwmin hec!
"A be wyt ti'n ei wneud yn fan'na? ...
Symud hi. Symud hi. Rŵan. O'ma!"
Dim cyfle i rywun na fedr ond mewian
Ymestyn at fedrau Katchaturian!

• • • • • • • • • • • • • • • •

Tybed petawn i, petawn i ond
Yn rhoi hedlam uchel o sefyll stond
A allwn i, 'allwn i fynd i ben hon,
Y dresel hynafol, i weld yn union
Pa ddirgeledigaethau a allai fod
Yno yn disgwyl am gael eu darganfod?
Un, Dau, Tri.
I fyny â fi.
Gerfydd ... f'ewinedd ... dyma fi yma'n hongian.
Â'r diffwys o danaf rwy'n dechrau gwegian ...
Crafangaf, crafangaf ... Whiw! Dyma fi ar y brig
Er ei bod hi, un adeg, yn edrych 'reit big.
Ond - MIAW - wedi'r ymdrech, canfyddaf yn awr
Nad oes dim byd yma ...

A 'fedra i ....'fedra i ... yn fy myw fynd i lawr!
MIAW. MIAW ... Fe ddaw 'nheulu'n y man
A sôn, yn rhyfeddol, am gampau 'y giaman'.

Sŵn drws y ffrij ... Sgiwsiwch fi ... Mae'n mam
   ni yno
Yn estyn, ysgatfydd, gig moch coch i'w ffrïo.
Af yno'n ddiatreg a stwffia fy nhrwyn
Fel hyn ... "Bodlon madam?" ... Tatws oer trwy
eu crwyn!

• • • • • • • • • • • • • • • •

Aa-aa! Mia-aaw. Mi orwedda i yma'n yr haul
   ar fy hyd

A breuddwydio am Ddarganfyddiadau Mwyaf y
   Byd -
Llynnoedd o hufen, a'r rheini'n llawn joc
O bysgod braf, breision. Hydryd iawn! A thoc
Mi droediaf yn dalog â'm cynffon fry
Draw i'r siopau cig - maent yno yn heidio drwy
   'mreuddwyd yn llu -
A chnawd ir anifeiliaid yno, yn diferyd yn goch
Heb 'run cigydd yn agos. Ple bynnag y boch
Nid oes cigydd i wahardd na ...

   ...Ust. Ust. Aros di. Clyw.
Mae 'na rywbeth yn fan'cw ... Os gwn i beth yw?

Gwyn Thomas

Parrot

Aderyn a hwnnw wedi bod
Yn baglu trwy botiau o baent
Nes bod ei liw mor llachar â'i leferydd -
Sgrech goch, gwawch las,
Galanas o waedd werdd ferwinol,
Heblaw rhegi tecnicylyr a rhwygo.
Rhyw ffrwydrad paletaidd o ffowlyn,
Ffenest liw o brepyn
A'r haul mawr, melyn
Yn ceisio dengid ohono
Trwy baenau llawen ei blu.

Gwyn Thomas

y gerdd

Hoelio sylw ar y mesur

y gerdd

- ENGLYN
- TRIBAN
- MESUR PENRHYDD
- CWPLED
- SONED
- TELYNEG
- HIR A THODDAID
- CYWYDD
- LIMRIG
- BALED
- HAIKU
- TELYNEG
- PENILLION TELYN

Taflen Adolygu

Y SONED

- Daw'r gair SONED o'r Eidaleg SONNETTO (yn golygu cân fechan yn wreiddiol).
- Cerdd fer o bedair llinell ar ddeg ydyw, a phob un yn cynnwys PUM CORFAN DYRCHAFEDIG.
- Gellir rhannu'r soned yn ddwy ran: YR WYTHAWD a'r CHWECHAWD.
- Fel rheol, ceir tro ar ôl yr wythfed llinell a elwir yn VOLTA.
- Ceir dau fath o soned:
  i Y SONED EIDALAIDD gyda chynllun odlau
     a b b a, a b b a, c ch d, c ch d.
  ii Y SONED SHARKESPEARAIDD gyda chynllun odlau
     a b a b, c ch c ch, d dd d dd, e e.
- Prif nodwedd y math hwn yw'r cwpled ar y diwedd sy'n rhoi cyfle i'r bardd gloi ei gerdd yn effeithiol.

Y DELYNEG

- Nid enw ar fesur arbennig yw'r delyneg, a gellir ei chanu ar unrhyw fesur a fydd yn gweddu i'r testun.
- Cerdd fer ydyw fel rheol mewn arddull seml yn cynnwys un syniad neu deimlad canolog.
- Nid disgrifiad oer a dideimlad a geir mewn telyneg ac fel arfer bydd y bardd yn mynegi ei deimladau/ei theimladau ei hun ynddi.
- Cyfrifir cynildeb yn rhinwedd ynddi.

CANU PENRHYDD

- Prif nodwedd y canu penrhydd yw rhythm yr iaith lafar, a'r bwriad yw ceisio cael yn y gerdd yr amrywiaeth a gair mewn iaith lafar.
- Rhaid wrth ddisgyblaeth gyda'r dull hwn o ganu, a dim ond bardd sy'n sicr iawn o'r grefft all lwyddo gyda'r mesur penrhydd.
- Weithiau ceir defnydd o'r gynghanedd neu gyflythreniad fel addurn ychwanegol. Ambell waith defnyddir CYFOCHRAETH A CHYFERBYNIAD i greu effaith arbennig.
- O'i ddefnyddio'n gelfydd y mae'r dull hwn yn effeithiol iawn.

YR ENGLYN (UNODL UNION)

- Pennill o bedair llinell wedi ei gyfansoddi yn ôl rheolau pendant yw englyn.
- Ceir tri deg o sillafau mewn englyn
  7 - 3
  6
  7
  7
  ‾‾
  30
- Gelwir y toriad ar ddiwedd y rhan gyntaf yn GWANT a'r geiriau rhwng y gwant a diwedd y llinell yn AIR CYRCH.
- Ceir yr un odl drwyddo a chynghanedd ym mob llinell.
- Gelwir y ddwy linell gyntaf yn BALADR a'r ddwy olaf yn ESGYLL.
- Rhinwedd yr englyn yw cynildeb. Drwyddo gellir dweud llawer mewn byr eiriau.

CYWYDD (DEUAIR HIRLON)

- Hwn yw'r mesur mwyaf cyffredin o'r mesurau caeth.
- Ceir saith sillaf ym mhob llinell.
- Cyfres o gwpledi odledig yw'r cywydd gydag un llinell yn gorffen yn acennog a'r llall yn ddiacen.
- Fel rheol, newidir yr odl o gwpled i gwpled.
- Mae'n debyg mai Dafydd ap Gwilym a wnaeth y cywydd yn fesur poblogaidd.

HIR A THODDAID

- Mesur sy'n cael ei ddefnyddio mewn cerdd yn aml, ond fe'i defnyddir hefyd ar ei ben ei hun.
- Yn yr hir a thoddaid, ceir pedair llinell ddegsill, yn cael eu dilyn gan ddwy linell ddegsill arall a elwir yn DODDAID HIR.
- Ceir cynghanedd yn y rhan o flaen y gwant ond mewn toddaid hir, yn ogystal â chael odl rhwng y GAIR CYRCH a gorffwysfa'r llinell olaf i ffurfio cynghanedd sain, ceir cynghanedd annibynnol yn y llinell olaf ei hun.
- Yr un yw'r brifodl drwyddo.

y gerdd

Y delyneg

NID ENW AR FESUR

ARDDULL SEML

UN SYNIAD NEU DEIMLAD CANOLOG

Rhieingerdd

Nid oes ond ti, fy Nia hardd,
fy nghâr, nid oes ond ti,
a ddeall rith feddyliau'r bardd
a fedd fy nghalon i.

Tu hwnt i glych fy chwerthin croch,
ti ferch, fe glywi'n gudd,
fy ysbryd claf fel unig gloch
yn murmur alaw brudd.

Pan fyddo'r hwyr yn crogi'r cwm
a'r nos am yddfau'r gwŷr,
o'th gofio, ferch, ac yntau'n llwm,
rhyddheir dy gâr o'i gur.

Na ad im fyth, fy Nia fwyn,
ddwyn loes i'th galon di,
yn hytrach gad i'r gerdd hon ddwyn
fy nghariad atat ti.

Tudur Hallam

CERDD FER

NID DISGRIFIAD OER A DIDEIMLAD

GELLIR EI CHANU AR UNRHYW FESUR A FYDD YN GWEDDU I'R TESTUN

BYDD CYNILDEB YN RHINWEDD

BYDD Y BARDD YN MYNEGI EI DEIMLAD/EI THEIMLAD

- Nid oes ond ti ... a fedd fy nghalon i
- Na ad im fyth fy Nia fwyn ...
- Gad i'r gerdd hon ddwyn fy nghariad atat ti.

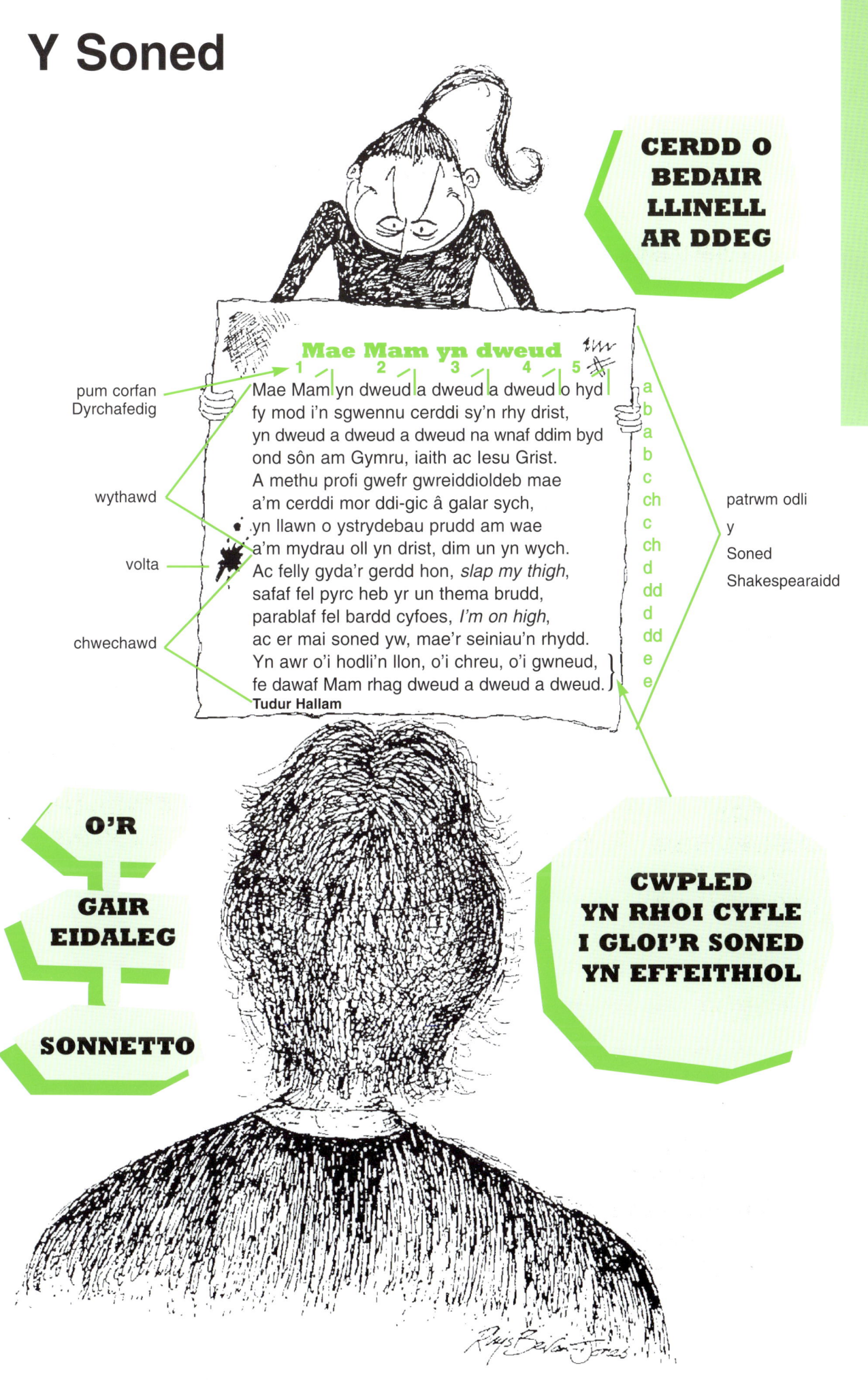

Y Soned

CERDD O BEDAIR LLINELL AR DDEG

y gerdd

Mae Mam yn dweud

Mae Mam yn dweud a dweud a dweud o hyd
fy mod i'n sgwennu cerddi sy'n rhy drist,
yn dweud a dweud a dweud na wnaf ddim byd
ond sôn am Gymru, iaith ac Iesu Grist.
A methu profi gwefr gwreiddioldeb mae
a'm cerddi mor ddi-gic â galar sych,
yn llawn o ystrydebau prudd am wae
a'm mydrau oll yn drist, dim un yn wych.
Ac felly gyda'r gerdd hon, *slap my thigh*,
safaf fel pyrc heb yr un thema brudd,
parablaf fel bardd cyfoes, *I'm on high*,
ac er mai soned yw, mae'r seiniau'n rhydd.
Yn awr o'i hodli'n llon, o'i chreu, o'i gwneud,
fe dawaf Mam rhag dweud a dweud a dweud.

Tudur Hallam

- pum corfan Dyrchafedig (1 2 3 4 5)
- wythawd
- volta
- chwechawd

patrwm odli y Soned Shakespearaidd:
a b a b c ch c ch d dd d dd e e

O'R GAIR EIDALEG SONNETTO

CWPLED YN RHOI CYFLE I GLOI'R SONED YN EFFEITHIOL

77

y gerdd

Canu Penrhydd

DIM OND BARDD SICR O'R GREFFT ALL LWYDDO

ANGEN DISGYBLAETH

RHYTHM YR IAITH LAFAR

Cyd-fyw

Cyd-fyw ydi
gwybod pryd i dewi
a mynd i gysgu -
gweithio saig arall-fydol
a hynny ynghanol
syrffed.
cyd-fyw ydi-
os wy'n golchi, ti sy'n smwddio;
un i ddwstio, llall i arddio;
darllen areithiau yn feirniadol,
gwrando ar gerddi-anniddorol!
cyd-fyw ydi
aros am sn y car er eisie cysgu
clust i fân storis am blant a dysgu,
cyd-fyw ydi
sarnu coffi ar draws y gwely
gwylio'r ffilm hwyrol ar y teledu;
cyd-fyw ydi-
chwilio drwy'r tŷ am dei ar frys,
cael gyda'r plismon rhyw dipyn o wŷs;
cyd-fyw ydi-
gwybod am gaethiwed ac am ryddid -
gwybod am adfyd heb golli gwyddfid.
Cyd-fyw ydi-
cyd-fyw ydi cyd-fyw-
ac mae e'n grêt!

Menna Elfyn

DULL EFFEITHIOL O GANU O'I DDEFNYDDIO YN GELFYDD

WEITHIAU CEIR DEFNYDD O GYFLYTHRENIAD FEL ADDURN YCHWANEGOL

Yr Englyn

y gerdd

ENGLYN UNODL UNION

PALADR

Technoleg

                           Gwant   Gair cyrch
       7   3

Trwy'n camddeall deall<u>us</u> - wynebu 10
    Anwybod peryg<u>lus</u>, 6
Wna hil ein byd os blaen <u>bys</u> 7
Fydd brwydrau'n harfau ner<u>fus</u>. 7
                                 30

Tudur Hallam

ESGYLL

GAIR CYRCH

GWANT

PENNILL PEDAIR LLINELL

YR UN BRIFODL

DEALL<u>US</u> PERYG<u>LUS</u> B<u>YS</u> NER<u>FUS</u>

UN O'R MESURAU CAETH

RHAID CAEL CYNGHANEDD YM MHOB LLINELL

79

y gerdd

Y Cywydd

SAITH SILLAF YM MHOB LLINELL

Y MESUR MWYAF CYFFREDIN O'R MESURAU CAETH

Tân Llywelyn

Mae isel dân Llyw<u>elyn</u>
Yn para yng Ng<u>h</u>walia 'ng<u>hyn</u>,
Grymusodd rhag gorme<u>swr</u>
Ei olau'n dwym yng Nglyndŵr,
A'i farwor a adferwyd
Yn gannwyll losg Morgan Llwyd.

Penyberth yn goelcerthi,
A'i wres yng nghalonnau'r Tri,
A'i olau ar ruddiau rhwth
Wynebau gwr Carnabwth
Wrth gynnau porth y gynnen
Hyd ei sail yn Efailwen.

Megis ar ros yn mygu,
Mae'n dwym dan y mannau du.
Er marw bron gwreichionen,
Awel Mawrth a'i try'n fflam wen
Fan arall a dyr allan, -
Mae'n anodd diffodd ei dân.

Dic Jones

CYFRES O GWPLEDI ODLEDIG

UN LLINELL YN GORFFEN YN ACENNOG A'R LLALL YN DDIACEN

FEL RHEOL NEWIDIR YR ODL, O GWPLED I GWPLED

DAFYDD AP GWILYM WNAETH Y MESUR YN BOBLOGAIDD

Yr hir a thoddaid

y gerdd

MESUR CYFFREDIN MEWN AWDL

YN CAEL EI DDEFNYDDIO AR EI BEN EI HUN

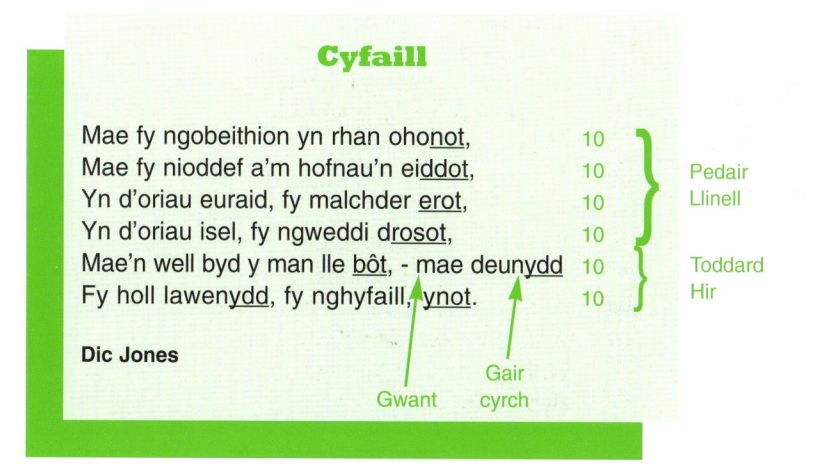

Cyfaill

Mae fy ngobeithion yn rhan oho<u>not</u>,	10
Mae fy nioddef a'm hofnau'n ei<u>ddot</u>,	10
Yn d'oriau euraid, fy malchder <u>erot</u>,	10
Yn d'oriau isel, fy ngweddi d<u>rosot</u>,	10
Mae'n well byd y man lle <u>bôt</u>, - mae deun<u>ydd</u>	10
Fy holl lawen<u>ydd</u>, fy nghyfaill, <u>ynot</u>.	10

Pedair Llinell (llinellau 1-4)
Toddard Hir (llinellau 5-6)

Dic Jones

Gwant · Gair cyrch

UN O'R MESURAU CAETH

YR UN BRIFODL — oho<u>not</u>, eid<u>dot</u>, er<u>ot</u>, dros<u>ot</u>, b<u>ôt</u>, yn<u>ot</u>

ODL GYRCH — Deun<u>ydd</u> / Llawen<u>ydd</u>

81